Schöningh

EinFach Deutsch

Unterrichtsmodell

Die Künstlernovelle

Joseph von Eichendorff: Aus dem Leben eines Taugenichts
Thomas Mann: Tonio Kröger

Erarbeitet von
Klaus Lill
unter Mitarbeit von Margarethe Thomasen

Herausgegeben von
Johannes Diekhans

Baustein 1

Einführung der Protagonisten (S. 15–22 im Modell)

1.1	Der Anfang einer Novelle	Kap. 1	Tafelskizze Schreibauftrag Arbeitsblatt 1
1.2	Erste Eindrücke über die Hauptfiguren	Kap. 1	Textarbeit Kurzvortrag
1.3	Einführung weiterer Personen	Kap. 1/2	Arbeitsblatt 2 Interview
1.4	Die Namensgebung	Kap. 2/3 8, 10	Arbeitsblatt 3 Textarbeit

Baustein 7

Prozess der Selbstfindung und Rezeption der Novellen (S. 68–75 im Modell)

7.1	Das Ende einer Reise	Schlusskap.	Textarbeit Schreibauftrag
7.2	Künstler und Identität	H.P. Thurm, Die Suche des Künstlers nach Identität	Textarbeit Arbeitsblatt 13
7.3	Rezeption der Novellen	ausgew. Sekundärtexte, Thomas Mann: Der Taugenichts	Textarbeit Tafelskizze Arbeitsblatt 14 Arbeitsblatt 15

Baustein 6

Die Bedeutung der Kunst und der literaturhistorische Hintergrund (S. 55–59 im Modell)

6.1	Tonio und Taugenichts als Künstler	Assoziationen	Schreibauftrag Tafelskizze
6.2	Bedeutung der Kunst für Taugenichts und Tonio	Taugenichts: Kap. 3/8 Tonio Kröger Kap. 4	Textarbeit Tafelskizze Folienpräsentation
6.3	Kunst in der Zeit der Romantik und Ende des 19. Jahrhunderts	ges. Novelle	Arbeitsblatt 11 Arbeitsblatt 12

Baustein 2

Die erste große Liebe
(S. 00–00 im Modell)

2.1	Die romantische Liebe des Taugenichts	Kap. 1/2	Tafelskizze Textarbeit
2.2	Die Leiden des Tonio Kröger	Kap. 1	Tafelskizze Textarbeit
2.3	Vergleich zweier Liebender		Schreibauftrag

Baustein 3

Leitmotivische Dingsymbole
(S. 27–35 im Modell)

3.1	Taugenichts	ges. Novelle	Textarbeit Tafelskizze
3.2	Tonio Kröger	Kap. 1/2/3/ 4/8	Textarbeit Tafelskizze
3.3	Der Tanz	Taugenichts Kap. 2/3/8/10 Tonio Kröger Kap. 1/8	Textarbeit Tafelbild Arbeitsblatt 4 Schreibauftrag

Baustein 4

Das Motiv des Reisens
(S. 36–54 im Modell)

4.1	Der Moment des Aufbruchs	ges. Novelle	Textarbeit Tafelskizze Schreibauftrag
4.2	Die Reiseroute	ges. Novelle Ausz. aus J. W. v. Goethe: Italienreise	Mal- und Gestaltungsauftrag Textarbeit Materialbeschaffung Präsentation Arbeitsblatt 5
4.3	Die Bedeutung des Reisens	ges. Novelle B. Weiss, Kultur und Reisen	Arbeitsblatt 6 Textarbeit Arbeitsblatt 7
4.4	Die Begegnung mit dem Fremden	ges. Novelle Reisegedichte	szen. Interpretation Projekt

Baustein 5

Strukturelle Aspekte einer Novelle und Erzählstrategien
(S. 55–59 im Modell)

5.1	Zur Definition der Novelle	ges. Novelle	Textarbeit Tafelskizze
5.2	Zur Funktion der Novelle	ges. Novelle	Textarbeit Tafelskizze
5.3	Erzählstrategien		Arbeitsblatt 9 Arbeitsblatt 10

Arbeitsfrage

Einzelarbeit

Partnerarbeit

Gruppenarbeit

Unterrichtsgespräch

Schreibauftrag

Szenisches Spiel

Mal- und Zeichenauftrag

Bastelauftrag

Projektorientierung, offenes Unterrichtsangebot

Vorwort

Der vorliegende Band ist Teil einer Reihe, die Lehrerinnen und Lehrern erprobte und an den Bedürfnissen der Schulpraxis orientierte Unterrichtsmodelle zu ausgewählten Ganzschriften und weiteren relevanten Themen des Faches Deutsch bietet.
Im Mittelpunkt der Modelle stehen Bausteine, die jeweils thematische Schwerpunkte mit entsprechenden Untergliederungen beinhalten.
In übersichtlich gestalteter Form erhält der Benutzer/die Benutzerin zunächst einen Überblick zu den im Modell ausführlich behandelten Bausteinen.

Es folgen:

- Hinweise zu den Handlungsträgern
- Zusammenfassung des Inhalts und der Handlungsstruktur
- Vorüberlegungen zum Einsatz des Buches im Unterricht
- Hinweise zur Konzeption des Modells
- Ausführliche Darstellung der einzelnen Bausteine
- Zusatzmaterialien

Ein besonderes Merkmal der Unterrichtsmodelle ist die Praxisorientierung. Enthalten sind kopierfähige Arbeitsblätter, Vorschläge für Klassen- und Kursarbeiten, Tafelbilder, konkrete Arbeitsaufträge, Projektvorschläge. Handlungsorientierte Methoden sind in gleicher Weise berücksichtigt wie eher traditionelle Verfahren der Texterschließung und -bearbeitung.
Das Bausteinprinzip ermöglicht es dabei den Benutzern, Unterrichtsreihen in unterschiedlicher Weise und mit unterschiedlichen thematischen Akzentuierungen zu konzipieren: Auf diese Weise erleichtern die Modelle die Unterrichtsvorbereitung und tragen zu einer Entlastung der Benutzer bei.

Joseph von Eichendorff: Aus dem Leben eines Taugenichts. Paderborn: Schöningh Verlag 2000. Best.-Nr. 022366 9
Thomas Mann: Tonio Kröger. Mario und der Zauberer. Frankfurt/M.: S. Fischer Verlag 2001, Best.-Nr. 21381 9

www.schoeningh-schulbuch.de
Schöningh Verlag, Jühenplatz 1–3, 33098 Paderborn

Druck 6 5 4 / Jahr 2012 11 10
Die letzte Zahl bezeichnet das Jahr dieses Druckes.

Umschlaggestaltung: Jennifer Kirchhof
Druck und Bindung: Media-Print Informationstechnologie GmbH, Paderborn

ISBN 978-3-14-022367-6

Inhaltsverzeichnis

„Aus dem Leben eines Taugenichts“
Federlithografie von Adolf Schroedter, 1842. Historisches Bildarchiv Handke

Joseph von Eichendorff
Aus dem Leben eines Taugenichts

„Ich besann mich nicht lange, zog meine Geige aus der Tasche und spielte schnell einen lustigen Ländler auf, während ich aus dem Walde hervortrat. Die Mädchen verwunderten sich, die Alten lachten, dass es weit in den Wald hineinschallte.“
(S. 32)

Thomas Mann
Tonio Kröger

„Ich stehe zwischen zwei Welten, bin in keiner daheim und habe es infolgedessen ein wenig schwer. Ihr Künstler nennt mich einen Bürger, und die Bürger sind versucht, mich zu verhaften … ich weiß nicht, was von beiden mich bitterer kränkt.
(S. 73)

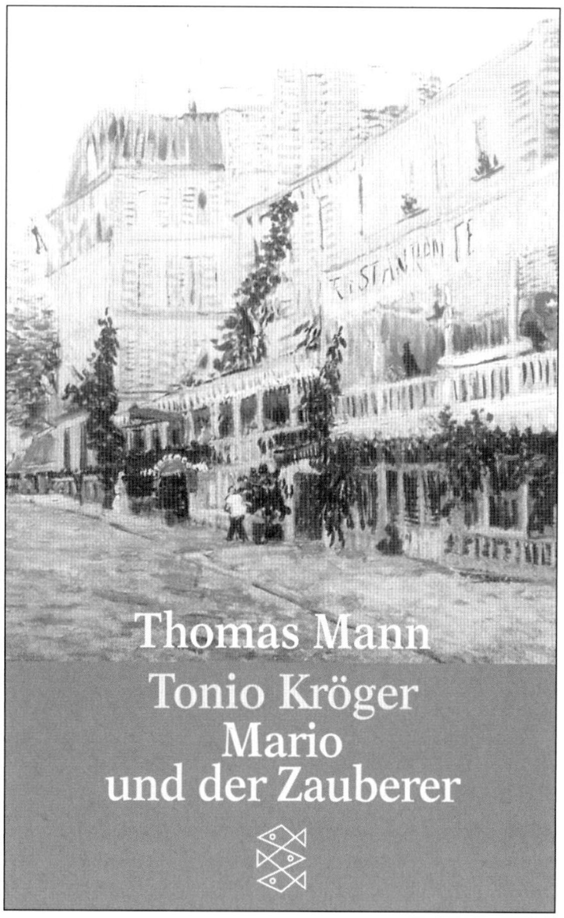

Umschlag: Thomas Mann: Tonio Kröger. Mario und der Zauberer. S. Fischer Verlag, Frankfurt 2001

Hauptpersonen und Inhalt der Novelle „Aus dem Leben eines Taugenichts“

Hauptpersonen:

Der Taugenichts: wird von seinem Vater, einem Müller, ob seiner Faulheit aus dem Haus gewiesen. Er bekommt etwas Geld, nimmt seine Geige und macht sich auf die Reise ohne konkretes Ziel. Optimismus und Gottvertrauen sind die Charaktereigenschaften, die ihn durchs Leben begleiten. Er kommt zu einem Schloss bei Wien, verliebt sich dort in eine „schöne gnädige Frau“, bekommt in dem Schloss eine Anstellung, verlässt aber Schloss und Arbeit, als er zu wissen glaubt, dass seine große Liebe adelig und verheiratet ist. Er zieht weiter, will nach Rom, wird in ein Verwirrspiel verwickelt, das sich erst bei seiner Rückkehr zum Schloss auflöst. Er heiratet seine große Liebe und wird mit einem Schloss beschenkt.

Der Vater: weist zu Beginn der Novelle seinen Sohn aus dem Haus und spielt dann keine Rolle mehr.

Die schöne gnädige Frau: ist die große Liebe des Taugenichts. Sie erwidert insgeheim seine Liebe, doch da dieser denkt, sie sei adelig und verheiratet, hält er sie für unerreichbar. Später stellt sich heraus, dass sie die Nichte des Portiers ist, und sie heiratet den Taugenichts.

Der Portier: arbeitet für das Schloss und ist ein väterlicher Freund des Taugenichts.

Fräulein Flora: ist die Tochter der Gräfin des Schlosses bei Wien. Sie macht sich in Männerkleidung als Herr Guido verkleidet mit dem Herrn Leonard auf die Flucht nach Italien, um einer nicht gewollten Verehelichung durch die Gräfin zu entgehen. Unterwegs treffen die Fliehenden den Taugenichts und verwickeln ihn in ihre Täuschungs- und Fluchtpläne.

Herr Leonard: ist ein adeliger Herr mit Gütern in Italien. Er liebt Fräulein Flora und „entführt“ sie aus dem Schloss der Eltern. Als Maler Leonard und Maler Guido reisen beide inkognito in Richtung Italien.

Der Maler: ist ein deutscher Künstler, der in Rom lebt und in das Verwirrspiel um den Taugenichts eingeweiht ist, diesen aber im Ungewissen lässt. Er lädt den Taugenichts zu sich ins Atelier ein und führt ihn auf die vermeintliche Fährte zu seiner schönen gnädigen Frau.

Inhalt:

Der junge Taugenichts, Sohn eines Müllers, wird von seinem Vater wegen seiner Faulheit aus dem Haus gewiesen. Dieser nimmt dies ohne Unmut hin, packt frohgemut ein paar Sachen zusammen, vor allem seine Geige, und macht sich auf in die Welt. Zwei Damen nehmen ihn auf der Landstraße in ihrer Kutsche mit zu einem Schloss bei Wien, wo er Arbeit als Gärtner und Zolleinnehmer findet. Hier verliebt er sich in Aurelie, eine Dame, die im Schloss wohnt. Als er zu wissen glaubt, dass sie, als adelige Dame für ihn ohnehin unerreichbar, auch noch verheiratet ist, zieht er weiter in die Ferne und schlägt den Weg nach Italien ein. Auf dem Weg dorthin gerät er in ein geheimnisvolles, undurchschaubares Verwirrspiel, in das ihn die Tochter des Wiener Schlosses und ihr Geliebter, die inkognito reisen, verstricken. Treuer Begleiter des Taugenichts ist seine Geige, die ihm in allen Lebenslagen Trost und Freude spendet. Der Taugenichts kommt zu einem weiteren Schloss, wo aber so undurchsichtige Dinge passieren, dass er vor Angst flieht und weiter nach Rom reist. Auch hier geschehen ihm unerklärliche Zufälle, die alle in Verbindung zu seiner Geliebten auf dem Wiener Schloss zu stehen scheinen. Er ist der festen Überzeugung, seine Geliebte erwarte ihn auf dem Schloss, und so reist er zurück. Mit einer Gruppe musizierender Studenten kehrt er auf einem Donauschiff zum Schloss zurück. Hier klärt sich zu guter Letzt alles auf, seine „unerreichbare“ Geliebte ist keine Gräfin, sondern die Nichte des Portiers. Sie erwidert seine Liebe und so heiraten beide und erhalten als Hochzeitsgeschenk ein Schloss.

Hauptpersonen und Inhalt der Novelle „Tonio Kröger“

Hauptpersonen:

Tonio Kröger:	ist der Sohn von Konsul Kröger und dessen Frau Consuelo. Zu Beginn der Novelle ist Tonio 14 Jahre alt und lebt in einer Stadt im Norden Deutschlands. Im Unterschied zu seinen Schulkameraden interessiert er sich für Poesie und fühlt sich in der „engen Stadt“ vom gesellschaftlichen Leben ausgeschlossen. Nach dem Tod des Vaters und der Wiederheirat seiner Mutter verlässt er seine Vaterstadt, lebt eine Zeit lang in Italien und siedelt dann nach München über. Hier freundet er sich mit der Malerin Lisaweta Iwanowna an und entschließt sich, im Alter von knapp über 30, in den Norden zu reisen. Von der Fahrt verspricht er sich, den sein Leben bestimmenden inneren Gegensatz, sich als Künstler und als Bürger zu fühlen, überwinden zu können.
Hans Hansen:	ist der Schul- und Jugendfreund und die erste Liebe von Tonio Kröger. Hans Hansen erfüllt alle Ideale, die die Gesellschaft von einem Jungen seines Alters erwartet. Tonio beneidet Hans um diese Eigenschaften, weiß aber gleichzeitig, dass er selbst diese weder besitzt noch ihnen entsprechen möchte.
Ingeborg Holm:	ist die erste große Liebe Tonios. Sie gehört, wie Hans Hansen und Tonio, zum gehobenen Bürgertum der Stadt. Tonios Liebe wird von ihr jedoch nicht wahrgenommen, geschweige denn erwidert.
Magdalena Vermeeren:	ist ebenso wie Hans Hansen und Ingeborg Holm eine Jugendbekanntschaft Tonios. Sie ist ihm in ihrem Interesse für Kunst und Poesie seelenverwandt, doch Tonio weist ihre Annäherung zurück.
Erwin Jimmerthal:	ist Schulkamerad von Tonio und Hans. Er interessiert sich wie Hans mehr für Pferde als für Literatur.
Konsul Kröger:	gehört zu den Honoratioren der Stadt. Er ist immer sorgfältig gekleidet und steht den musischen Interessen seines Sohnes ablehnend gegenüber.
Consuelo Kröger:	ist die Mutter Tonios, Südländerin und liebt die Musik. Sie fühlt sich in der Heimatstadt Tonios im Norden unwohl und fremd.
Lisaweta Iwanowna:	lebt als Malerin in München und ist die Freundin des erwachsenen Tonio. Mit ihr bespricht er seine Seelenlage und seine Ansichten zum Thema Kunst und Bürgertum.

Inhalt:

Der 14-jährige Tonio geht in einer norddeutschen Stadt zur Schule, unterscheidet sich aber deutlich von seinen Schulkameraden. Er, der Sohn von Konsul Kröger, gehört zwar auch dem gehobenen Bürgertum der Stadt an, fühlt sich aber in dieser Gesellschaft unwohl und fremd. Er interessiert sich für Poesie und Kunst und leidet an den Ansprüchen, die die Schule und sein Vater an ihn stellen. Seine Mutter, eine Südländerin, die selbst fremd in der norddeutschen Bürgergesellschaft bleibt, unterstützt mehr die musischen Neigungen ihres Sohnes. Tonios Schulfreund Hans Hansen erfüllt all die gesellschaftlichen Erwartungen seiner Zeit und Schicht. Er interessiert sich für Pferde und Abenteuer, erfüllt die schulischen Pflichten und fühlt sich eins mit sich und der Umwelt. Tonio liebt Hans, beneidet und bewundert ihn insgeheim, will ihn aber auch für seine Interessen begeistern. Auch Ingeborg Holm, die erste große Jugendliebe Tonios, entspricht den gesellschaftlichen Vorstellungen ihrer Zeit. Tonio liebt ihre natürliche, lustige Art, leidet aber tief an dem Wissen, dass er diese Lebensweise nicht mit ihr teilen kann. Er erfährt diese Liebe zu Ingeborg als großes Leid, als sehnsüchtigen Schmerz. Sie erwidert diese Liebe nicht, sie nimmt sie nicht einmal wahr. Nach dem Tod seines Vaters und der Wiederheirat seiner Mutter verlässt Tonio seine Heimatstadt. Für ihn steht fest, dass er Schriftsteller werden will, er geht nach Italien, lebt dort ein ausschweifendes Leben und lässt sich anschließend in München nieder.
Mit einer befreundeten Malerin, Lisaweta Iwanowna, erörtert er ausführlich seine innere Zerrissenheit, Bürger und Künstler zu sein, eine Zerrissenheit, die für ihn bedeutet, keines von beidem sein zu können. Er ist jetzt knapp über 30 Jahre alt und beschließt in den Norden zu reisen und dabei auch erstmalig wieder seine Heimatstadt zu besuchen. Er verspricht sich von dieser Reise, seiner eigentlichen Identität näher zu kommen.
In seiner Heimatstadt wird er verhaftet, da er im Hotel mit einem Hochstapler verwechselt wird, dann reist er weiter nach Dänemark. Hier hat sich in seinem Gästehaus eine Ballgesellschaft angekündigt. Als er dieser Gesellschaft zuschaut, meint er Ingeborg Holm und Hans Hansen als Paar wiederzuerkennen. In einem Brief an Lisaweta Iwanowna wird ihm bewusst, dass er, um innere Ruhe zu finden, beides annehmen muss, seine Bürgerlichkeit und sein Künstlertum.

Vorüberlegungen zur Parallellektüre

Als 1997 in der Wochenzeitschrift „Die Zeit“ namhafte Autoren, Verleger, Politiker, Professoren, Schauspieler, Kritiker (nur kein einziger Deutschlehrer) einen Kanon an Literatur zusammenstellten, den ein Schüler oder eine Schülerin bis zum Abitur gelesen haben sollte, konnte man über die Auswahlkriterien sicherlich streiten. Nicht streiten konnte man darüber, dass alle Auswahllisten um einiges zu lang waren, dass auch nur ein Bruchteil des ‚Wichtigsten‘ in drei Jahren Oberstufen-Deutsch nicht unterzubringen ist.
Im Nachrichtenmagazin „Der Spiegel“ unternahm der Literaturkritiker Marcel Reich-Ranicki im Juni 2001 einen weiteren Versuch, einen verbindlichen Literaturkanon aufzustellen. Auch hier ist die Liste für den Deutschunterricht der Oberstufe um einiges zu lang. Es sei hier auch dahingestellt, ob ein solches Aufzählen der „Basisbildung Literatur“ sinnvoll ist oder nicht, aber Autoren wie Thomas Mann und Joseph von Eichendorff haben ihren festen Platz in der Geschichte der deutschen Literatur und im Deutschunterricht der gymnasialen Oberstufe.
Dass hier gleich zwei der in den Listen auftauchenden Autoren „auf einen Schlag“ den Schülern und Schülerinnen vorgestellt werden, ist nur ein erstes, vielleicht triviales, aber nicht zu unterschätzendes Motiv für die Parallellektüre.
Weiterhin: Die thematische und gattungsspezifische Nähe beider Werke lassen in hervorragender Weise immer wieder Vergleiche zu. Ähnliche Symbolik lässt Gemeinsamkeiten, aber auch Unterschiede der Interpretation besonders deutlich werden und weist auch auf den jeweiligen literaturhistorischen Zusammenhang hin.
Sowohl Thomas Manns „Tonio Kröger“ wie auch Joseph von Eichendorffs „Aus dem Leben eines Taugenichts“ zählen zu Klassikern der Schullektüre. Beide eignen sich in hervorragender Weise, Grundlagen für die Interpretation epischer Texte zu erarbeiten. Von daher bietet sich das hier vorgestellte Modell besonders für die Jahrgangsstufe 11 an. Bei Beschränkung auf die „Taugenichts“-Lektüre ist die Unterrichtsreihe auch für die Jahrgänge 9 und 10 geeignet.
Die Schüler und Schülerinnen gelangen durch die vergleichende Analyse in einen literarischen Diskurs, der sich als sehr anregend und erhellend erwiesen hat.
Gerade dann, wenn die jeweilige Lektüre nur von der Hälfte eines Kurses erarbeitet wird, bekommt die Präsentation der Ergebnisse jeder Gruppe eine besondere Bedeutung. Durch den Vortrag eigener Analyseergebnisse an „Nichtwissende“ stellt sich eine Vermittlungssituation her, die weder künstlich noch redundant ist. Die Schüler und Schülerinnen treten in einen thematischen Austausch, der interessant und ergiebig ist und bei dem ihre Rolle als Vermittler von Erarbeitetem ernst genommen wird.
Im Idealfall haben die Schülerinnen und Schüler die Lektüre zu Beginn der Unterrichtsreihe bereits vollständig gelesen (ob beide Texte oder nur einer hängt von der Lerngruppe und der Entscheidung der Lehrperson ab). Es ist aber ebenso möglich, dass die Texte parallel zur Arbeit an der Unterrichtsreihe gelesen werden, da die ersten Bausteine in textchronologischem Zusammenhang stehen. Bis zu Baustein 4 müssten die Gesamttexte dann allerdings von allen Schülerinnen und Schülern gelesen sein, da ab hier für die weitere Arbeit ein inhaltlicher und formaler Gesamtüberblick notwendig ist.

Vorschläge für Klassenarbeiten/Klausuren finden sich im Zusatzmaterial 11, S. 91.

Für wichtige Anregungen vielen Dank an dieser Stelle an Anja Schönhardt.

Konzeption des Unterrichtsmodells

Das vorliegende Unterrichtsmodell ist so aufgebaut, dass es die Parallellektüre von „Tonio Kröger“ und „Aus dem Leben eines Taugenichts“ in den Mittelpunkt stellt. Gleichzeitig soll sich aber das Unterrichtsmodell auch für eine jeweilige Einzellektüre eignen. Jedem der hier vorgestellten Bausteine liegt eine Dreiteilung zugrunde, die dem oben angeführten Anspruch genügen soll. Jeder Baustein des Unterrichtsmodells bezieht sich zuerst auf die Durchführung der Parallellektüre. Die didaktische und methodische Aufarbeitung ist aber so gewählt, dass sie jederzeit auch auf die jeweilige Einzellektüre übertragbar ist.
Bei der Parallellektüre gibt es zwei Möglichkeiten, die sowohl von der Jahrgangsstufe wie auch von der Lesefreudigkeit des Kurses/der Klasse abhängen. Im ersten Fall liest die Hälfte der Schülerinnen und Schüler nur eine Novelle, sodass die Vermittlung an die andere Gruppe immer auch Inhaltsvermittlung sein muss, zum Teil durch die Auswahl aussagekräftiger Textauszüge. Bei der anderen Möglichkeit lesen alle Schülerinnen und Schüler beide Novellen, entscheiden sich aber für die eingehende Analyse einer der beiden. Die zweite Möglichkeit setzt mehr Lesefreude voraus, hat aber den Vorteil, dass die vergleichenden Analyseeinheiten durch bessere Kenntnis des jeweiligen Inhalts tiefgreifender und fundierter sind.
Baustein 1 stellt mögliche Einführungen in die Lektüre vor. Hier steht die Hauptfigur der jeweiligen Novelle im Mittelpunkt. Es werden Varianten vorgestellt, abhängig davon, ob die Schülerinnen und Schüler die Novellen bereits gelesen haben oder nicht. Gleich welcher Einführung der Vorzug gegeben wird, erreicht werden sollen ein erster Zugang zum Charakter des Protagonisten und eine Sensibilisierung für die jeweilige Zeit.
Im **Baustein 2** steht die erste große Liebe der Protagonisten im Mittelpunkt. Tonios Verhältnis zu Ingeborg Holm und die Liebe des Taugenichts zur „schönen Frau“. Welche Auffassung die beiden Protagonisten zum Thema „Liebe“ haben, soll hier herausgearbeitet und gegenübergestellt werden. Produktionsorientierter Abschluss dieses Bausteins bildet ein in den Novellen nicht vorkommender Abschiedsbrief der Protagonisten an die erste große Liebe, der die unterschiedliche Liebes- und damit Lebensauffassung der beiden verdeutlichen soll.
Baustein 3 stellt die leitmotivischen Dingsymbole in den Vordergrund und fragt nach ihrer Aussagekraft für die Interpretation der jeweiligen Novelle. Die zum Teil identischen Symbole in beiden Texten bieten sich dazu in besonderer Weise an, auch im Hinblick auf die unterschiedliche Auslegung im jeweiligen Textzusammenhang (Springbrunnen, Geige, Bäume, Tanzen).
In **Baustein 4** soll die Bedeutung des Reisens für den jeweiligen Protagonisten analysiert werden. Nachzeichnen der Reiserouten, Erfahrungen am jeweiligen Ort, Absicht und Ziel des Reisens, persönlicher Wachstumsprozess, das alles sind Aspekte, die in diesem Baustein angesprochen werden müssen. Für den Vergleich beider Charaktere entwickeln die Schülerinnen und Schüler eine szenische Gestaltung eines Zusammentreffens von Tonio und Taugenichts auf deren Reise.
Baustein 5 befasst sich mit den Strukturmerkmalen einer Novelle und ihrer Umsetzung bei Eichendorff und Thomas Mann. Ziel ist es auch, die jeweilige Erzählung zu strukturieren und den Handlungsverlauf zu skizzieren. Des Weiteren sollen hier die Schülerinnen und Schüler die Erzählperspektive der jeweiligen Novelle erkennen und in einen inhaltlichen Zusammenhang bringen.
Die Bedeutung der Kunst in der jeweiligen Novelle steht im Mittelpunkt von **Baustein 6.** In Kapitel 3 wird dieses Thema explizit und ausführlich erörtert und stellt

wohl den anspruchsvollsten Teil der Lektüre des „Tonio Kröger" dar. Für den „Taugenichts" gilt es anhand ausgewählter Textstellen den eher implizit vermittelten romantischen Kunstbegriff herauszuarbeiten. Der literaturhistorische Hintergrund für das Verständnis der jeweiligen Position ist hier von Bedeutung. Als produktionsorientierte Aufgabe an die Schüler und Schülerinnen ist hier das Verfassen eines Gedichtes im Sinne von Tonio und vom Taugenichts zum selben Thema geplant.
Baustein 7 geht noch einmal abschließend auf das zentrale Thema beider Novellen ein: die Suche nach der eigenen Identität, das ‚Erwachsenwerden' im weitesten Sinne und das Finden des eigenen Platzes in der Gesellschaft der jeweiligen Zeit. Dabei stehen die unterschiedlichen Charaktermerkmale der Protagonisten im Mittelpunkt: Gefühl vs. Verstand. Vor allem der jeweilige Schluss der Novellen steht hier im Zentrum der Analyse.
Anschließend wird die Rezeption der beiden Novellen thematisiert.

Die thematischen Bausteine des Unterrichtsmodells

Baustein 1 *Einführung der Protagonisten*

In diesem Baustein geht es um die erste Annäherung an die Primärtexte. Es werden zwei Möglichkeiten des Einstiegs vorgestellt, je nachdem, ob die Schülerinnen und Schüler die Novelle(n) bereits gelesen haben oder nicht.

1.1 ❐ Der Anfang einer Novelle

Der folgende Einstieg ist nur dann sinnvoll, wenn die Schülerinnen und Schüler die jeweilige Novelle noch nicht gelesen haben.
Die Schülerinnen und Schüler werden in zwei Gruppen aufgeteilt, erhalten jeweils zehn Begriffe aus den ersten beiden Seiten der jeweiligen Novelle und sollen daraus einen zusammenhängenden Text schreiben (siehe Arbeitsblatt 1, S. 16). Es gibt keine Vorgaben, was den Inhalt betrifft, aber alle Wörter sollen im Text vorkommen.
Dem Text soll zudem eine Überschrift gegeben werden.

Die entstandenen Texte werden (exemplarisch) unter folgender Fragestellung besprochen:

❐ *Welche Grundstimmung oder Atmosphäre wird im Text deutlich?*

Als Tafelbild könnte sich folgende Stichwortsammlung ergeben:

Die Grundstimmung der jeweiligen Novellenanfänge

Tonio: ernst, traurig, schwer, kalt, geheimnisvoll, Stadt

Taugenichts: fröhlich, befreit, sonnig, lustig, frei, Land

Im Anschluss daran sollten einige Überschriften exemplarisch genannt und es sollte besprochen werden, inwiefern sie die oben gefundenen Ergebnisse unterstützen.

Der Protagonist

❒ *Wählen Sie eine der beiden Spalten und schreiben Sie unter Verwendung der angegebenen Wörter einen möglichen Anfang einer Novelle. Geben Sie Ihrem Text eine Überschrift.*

Joseph von Eichendorff (1788–1857)

Taugenichts
Frühling
Sonnenschein
Vaters Mühle
Glück
schlendern
Freude
freies Feld
Landstraße
Reisewagen

Thomas Mann (1875–1955)

Tonio
Wintersonne
Wolkenschichten
enge Stadt
Schule
spazieren gehen
träumerisch
Schmerz
ins Weite
Verabredung

1.2 ❒ Erste Eindrücke über die Hauptfiguren

Haben die Schülerinnen und Schüler vor Beginn der Unterrichtsreihe die jeweilige Novelle bereits gelesen, bietet sich ein anderer Einstieg an.
In Stillarbeit lesen die Schülerinnen und Schüler noch einmal die ersten beiden Seiten des „Tonio Kröger“ bzw. die ersten drei Seiten des „Taugenichts“ unter folgender Leitfrage:

❒ *Was erfahren wir über Äußerlichkeiten, Charakterzüge und soziales Umfeld des jeweiligen Protagonisten? Unterstreichen Sie die relevanten Textstellen.*

In beiden Fällen wird gleich zu Beginn der Novelle der jeweilige Protagonist in seinen grundlegenden Charakterzügen und Bezugsgrößen vorgestellt.
Anschließend sollen sich die Schülerinnen und Schüler in Gruppen zusammenfinden, ihre Ergebnisse vergleichen und das Gruppenergebnis auf Folie festhalten (s. S. 18).

❒ *Bereiten Sie sich darauf vor, einer Person, die den Taugenichts (bzw. Tonio Kröger) nicht kennt, diesen in einem Kurzvortrag vorzustellen. Machen Sie sich für Ihren Vortrag Notizen.*

Bei der Parallellektüre werden mit der Außenkreis-Innenkreis-Methode[1] die Arbeitsergebnisse präsentiert und gesichert. Dabei werden zwei Stuhlkreise gebildet, wobei immer ein Tonio-Experte einem Taugenichts-Experten gegenübersitzt. (z. B. die „Tonios“ innen und die „Taugenichtse“ außen) Die Schülerinnen und Schüler stellen sich gegenseitig ihre Arbeitsergebnisse vor und machen sich Notizen über den Vortrag des anderen. Dann zieht ein Kreis einen Stuhl weiter. Jetzt soll der Taugenichts-Experte anhand seiner Notizen dem Tonio-Experten das vermitteln, was er über Tonio notiert hat. Im Anschluss an diese Ausführungen ergänzt oder verbessert der eigentliche Tonio-Experte (und dann umgekehrt).

Bei der Einzellektüre soll eine Gruppe ihre Ergebnisse, die sie auf Folie festgehalten hat, dem Kurs präsentieren und das Plenum ergänzt bei Bedarf.

---

[1] vgl. Heinz Klippert: Methoden-Training. Übungsbausteine für den Unterricht. Weinheim: Beltz und Gelberg, 9. Aufl. 1999, S. 44/45

Tonio:

Äußerlichkeiten	Charakterzüge	soziales Umfeld
– 14 Jahre alt; – gut gekleidet; – südlich scharf geschnittenes Gesicht; – dunkel und zart umschattete Augen; – Mund und Kinn ungewöhnlich weich; – nachlässiger ungleichmäßiger Gang; – schräg stehende Augenbrauen; – seitwärts geneigter Kopf	– verletzlich (seine Augen trübten sich); – zaghaft; – spricht nicht; – leidend	– enge Stadt; – einflussreicher mächtiger Vater; – hoch geachtet, wird als erster gegrüßt; – (autoritäre) Schule

⇒ Tonio Kröger ist mit seinen 14 Jahren in der „engen Stadt" groß geworden, sein innerer Konflikt zwischen Bürgertum und Künstler wird schon in seiner Familiengeschichte und in der Beschreibung seines Aussehens angedeutet, er ist verletzlich und leidend.

Taugenichts:

Äußerlichkeiten	Charakterzüge	soziales Umfeld
– spielt Geige; – trägt Rock und Weste; – Tabakpfeife	– faul; – verschlafen; – ewiger Sonntag im Gemüt; – stolz und zufrieden; – lustiger Gesell; – verschämt; – innerlich jauchzend; – spürt Heimweh	– Vater ist Müller; – Landleben; – vornehme Damen; – Schlösser

⇒ Der Taugenichts, der auf dem Lande groß geworden ist, in der Mühle des Vaters, lebt naturverbunden. Er zeigt sich frohgemut und optimistisch, vertraut auf Gott und lebt in den Tag hinein.

1.3 ❒ Einführung weiterer Personen

Nachdem die Schülerinnen und Schüler jeweils die Kapitel 1 und 2 (Taugenichts/Tonio Kröger) gelesen haben, sollen sie anhand einer produktionsorientierten Aufgabenstellung (siehe Arbeitsblatt 2, S. 20) ihr Wissen um die Personenkonstellation der jeweiligen Novelle erweitern. Bei der Aufgabenverteilung ist darauf zu achten, dass möglichst alle Personen als Rollenbiografie vertreten sind. Die Präsentation der Ergebnisse könnte wie folgt aussehen:

Die vertretenen „Personen“ (jeweils eine) setzen sich im Halbkreis vor das Plenum und tragen, ähnlich einer Talk-Show-Situation, ihre Biografie in der Ich-Form vor. Anschließend sollen aus dem Plenum weitere Fragen an die einzelnen Personen gerichtet werden, die diese in ihrer Rolle bleibend beantworten sollen. Die Fragen können sich auf konkrete Situationen aus der Lektüre beziehen oder aber darüber hinausweisen.

Beispiele:
Frage an den Vater des Taugenichts: „Haben Sie ein schlechtes Gewissen, ihren Sohn so einfach aus dem Haus gewiesen zu haben?“

Frage an die schöne Frau: „Was ging in Ihnen vor, als ihr späterer Mann so einfach auf und davon gereist ist?“

Frage an Ingeborg Holm: „Ein ehemaliger guter Freund Ihres Mannes war Tonio Kröger. Welche Erinnerungen haben Sie an ihn und hat Ihr Mann noch Kontakt zu ihm?“

Frage an Konsul Kröger: „Warum konnten Sie nicht Ihren Sohn Tonio so akzeptieren, wie er war?“

1.4 ❒ Die Namensgebung

Den eigentlichen Namen des Taugenichts erfahren wir nicht. Der Vater nennt ihn zu Anfang „Taugenichts“ und bei diesem Namen bleibt es über den Verlauf der gesamten Novelle hin. Lümmel, Faulenzer und Narr sind weitere Bezeichnungen, mit denen der Taugenichts auf seiner Reise angesprochen wird. Alle Bezeichnungen haben in den Augen der bürgerlichen Welt eine negative Konnotation. Der Taugenichts bleibt anonym, ihm wird aber klar gemacht, dass er in der bürgerlichen Welt keinen Platz (und keinen Namen) hat. Doch der Taugenichts zeigt, dass er durch Gott- und Selbstvertrauen und durch den Glauben an die Natur doch etwas „taugt“ und es zu Glück, Ansehen und Reichtum bringt (siehe Arbeitsblatt 3, S. 21). Er nimmt den Namen, den er von seinem Vater bekommt, nicht nur hin, er identifiziert sich damit und stimmt sein Handeln darauf ab. („Nun“, sagte ich, „wenn ich ein Taugenichts bin, so ist's gut, so will ich in die Welt gehen und mein Glück machen“, S. 5, Z. 14–16). Er kehrt die negative Bedeutung, die in der Zuschreibung der Philister enthalten ist, dass nämlich ein Taugenichts es im Leben zu nichts bringt, versagt und sein Leben vergeudet, ins Gegenteil und macht es gleichsam zum Programm eines Taugenichts, Erfolg zu haben.
Das lässt ihn auch so gelassen reagieren, wenn die Mitmenschen ihn mit Schimpfwörtern belegen. Er bleibt fröhlich, lacht und es scheint, als würden sich

(weiter S. 22)

Rollenbiografie

❒ *Wählen Sie eine der folgenden Personen aus und verfassen Sie eine Rollenbiografie:*

Taugenichts: *die schöne Frau, der Portier, der Vater*

Tonio Kröger: *Hans Hansen, Ingeborg Holm, Konsul Kröger, Tonios Mutter, Magdalena Vermeeren*

Rollenbiografie:

Für eine Figur wird in der Ich-Form eine Biografie entwickelt, die Hinweise aus der Vorlage aufgreift und berücksichtigt und in der so viel wie möglich (stimmig und konkret) hinzuerfunden werden soll. Folgende Fragen sollten unter anderem beantwortet werden: Wie heiße ich? Wie alt bin ich? Wie und wo lebe ich? Wie sehe ich aus? Was bin ich von Beruf? Was mag ich/nicht? Was mache ich in meiner Freizeit? Wie sind meine familiären Bezüge? Wer sind meine Freunde/Freundinnen? Welche Pläne habe ich? usw.

Zur Namensgebung (Taugenichts)

1. „Taugenichts – jemand, der nichts taugt, unbrauchbarer Mensch, Nichtsnutz, Faulpelz“ (in: Gerhard Wahrig, Deutsches Wörterbuch, Bertelsmann-Verlag, Gütersloh 1979, Spalte 3647)

   ❐ *Trifft die Definition aus dem Wörterbuch auf die Figur des Taugenichts zu? Finden Sie Beispiele im Text, die diese Definition unterstützen oder widerlegen.*

2. „Da ihm während seiner Reise nie ein Familien- oder Vorname zugeordnet wird, kommt der Anfangsszene eine äußerst große Bedeutung zu, indem er von seinem *Vater* als *Taugenichts* angeredet wird. Man erhält seinen Eigennamen (also einen Signifikanten, aufgrund dessen man identifiziert und von anderen Personen distanziert werden kann) im Allgemeinen von den Eltern – hier erfüllt die Geste des Vaters diesen Akt, obwohl sich die Bezeichnung *Taugenichts,* wenn auch zu einem zentralen, nicht aber zu einem Eigennamen erhebt. Er nimmt diese Bezeichnung mit einer Märchenformel an: ‚Wenn ich ein Taugenichts bin, so ist's gut, so will ich in die Welt gehen und mein Glück machen. Und eigentlich war mir das recht lieb, denn es war mir kurz vorher selber eingefallen, auf Reisen zu gehn, …' – als hätte er nur auf diesen Akt gewartet, der ihn aus der Namenlosigkeit hervorhebt.“

   (Ágnes Héger, „Konfusion, nichts als Konfusion!“ Das Verhältnis von Sein und Schein als Problem der Weltinterpretation in Eichendorffs ‚Aus dem Leben eines Taugenichts'.
   In: Palimpszeszt, Wissenschaftliches und kulturelles Magazin, Nr. 9, März 1998, Budapest, Internetadresse: www.btk.elte.hu/palimpszeszt/pali09/heger.htm)

   ❐ *Ágnes Héger behauptet, der Taugenichts nehme seinen Namen mit einer Märchenformel auf. Wie könnte diese Behauptung gemeint sein? Stimmen Sie der Aussage zu oder nicht? Begründen Sie Ihre Entscheidung.*

3. Der Taugenichts wird im Laufe seiner Reise von den ihm begegnenden Menschen auch folgendermaßen bezeichnet:
   Lümmel (S. 24, Z. 26) – Faulenzer (S. 30, Z. 23) – Narr (S. 81, Z. 23 und S. 102, Z. 34)

   ❐ *Wie reagiert der Taugenichts in der jeweiligen Situation auf die Bezeichnungen der Mitmenschen? Verhält er sich ähnlich wie zu Beginn der Novelle, als er den Namen Taugenichts erhält?*

eher die Beschimpfenden als „philisterhaft“ entlarven, als dass sie ihn beleidigen. Während die Taugenichts-Experten das Arbeitsblatt 3 bearbeiten, erhält die Tonio-Kröger-Gruppe folgende Arbeitsanweisungen:

❐ 1. *Welche Namenspaare passen zusammen? Treffen Sie eine Entscheidung und begründen Sie diese schriftlich:*

Hans Hansen	*Magdalena Vermeeren*
Tonio Kröger	*Ingeborg Holm*

❐ 2. *Auf S. 14/15 geht es um den Namen „Tonio Kröger“. Wie verhält sich Hans Hansen dem Namen „Tonio Kröger“ gegenüber?*

Auch bei Tonio Kröger ist die Namensgebung von besonderer Bedeutung. Die Wesensmerkmale der Hauptfiguren werden durch den jeweiligen Namen unterstrichen und verdeutlicht. Das ist für die Schülerinnen und Schüler offensichtlich und lässt sich leicht erarbeiten, vor allem dadurch, dass Tonio Kröger explizit auf diese „Zerrissenheit“ in der Namensgebung aufmerksam macht (Kapitel 1, S. 14/15). Tonio mag seinen Namen nicht, er sieht ihn als Manifestation seiner Identitätsprobleme: das nordische Kröger und das südländische Tonio, der väterliche Einfluss und der mütterliche, das rationale Element gegen das emotionale. Wesensverwandt zeigt er sich damit Magdalena Vermeeren, die eben diesen Widerspruch auch in ihrem Namen trägt. Im Gegensatz dazu steht das klare Nordische, die Einheit von Vor- und Nachname, der mit sich selbst im Reinen scheinende Gleichklang bei Hans Hansen und Ingeborg Holm. Die Überlegungen bezüglich der Namensgebung liefern den Schülerinnen und Schülern bereits wichtige Erkenntnisse für eine tiefgreifendere Charakterisierung der Personen.
Hans Hansen mag den Namen „Tonio Kröger“ nicht. Er sagt es ganz offen und nennt ihn vor Dritten sofort „Kröger“. Er distanziert sich von Tonio in diesem Moment gleich zweifach: durch die Verwendung des Nachnamens und durch die Ablehnung des künstlerisch-südländischen Tonio.

Notizen

Baustein 2 Die erste große Liebe

In beiden Novellen erlebt der jeweilige Protagonist seine erste große Liebe und er verliert sie auch wieder, wenn auch im Taugenichts nur vorläufig.
Bei Thomas Mann durchlebt Tonio die kindliche jungenhafte homoerotische Liebe zu Hans Hansen und dann die pubertäre erste große heteroerotische Liebe zu Ingeborg Holm. Beide symbolisieren die Liebe zu seiner bürgerlichen Welt, in der Tonio als Kind lebt, er erlebt aber schon im Scheitern dieser Liebesgefühle den Konflikt, den Schmerz und die Trennung von dieser Welt. Diese Trennung begleitet ihn durch die gesamte Novelle, bis er am Schluss seine Jugendlieben vermeintlich wieder trifft und ihm die Unmöglichkeit seiner Liebe nachdrücklich klar wird.
Der Taugenichts lernt seine große Liebe, die „schöne gnädige Frau", sofort nach seiner Abreise von zu Hause kennen. Auch er „verliert" sie am Ende des zweiten Kapitels, doch sie begleitet ihn durch die gesamte Novelle, und am Ende, nach allen Verwirrungen und Täuschungen, findet er zu ihr zurück.
Durch die Gegenüberstellung ihrer Liebesauffassung lässt sich sowohl die Charakteristik der Protagonisten wie auch das Lebensgefühl der jeweiligen Zeit erarbeiten.

2.1 ❒ Die romantische Liebe des Taugenichts

Der Taugenichts scheint sein Glück schon bei seiner ersten Reisestation gefunden zu haben. Er steht in Lohn und Brot und zieht eine bürgerliche Existenz in Betracht.
„Der Schlafrock stand mir schön zu Gesichte, und überhaupt das alles behagte mir sehr gut. [...] Inzwischen vergaß ich über meinen Entschlüssen, Sorgen und Geschäften die allerschönste Frau keineswegs." (S. 16) Er weiß aber auch, dass er seine „schöne gnädige Frau" niemals besitzen darf, weil er nicht standesgemäß ist, sie ist in seinen Augen adelig und das verbietet jede offizielle Verbindung der beiden.
Seine Zuneigung zeigt der Taugenichts, indem er seiner „schönen gnädigen Frau" täglich Blumen bringt, die sie auch anzunehmen scheint. Bei einer solchen Hinterlegung des Blumengrußes begegnet er unverhofft seiner Angebeteten. Alles spielt sich in einer Jagdszenerie ab, sie trägt „Jagdhabit" mit „nickenden Federn auf dem Hute" und nähert sich ihm bei „immer näher schallenden Waldhornsklängen und wechselnden Abendlichtern" (S. 18). (Seinen „Schwiegeronkel" in spe verprügelt er in der Szene davor fast wegen unterschiedlicher Einschätzung der Jagd.) Sie trägt seine Blumen vor der Brust. Der Taugenichts ist von Gefühlen überwältigt: betrunken vor Angst, Herzklopfen, große Freude, verwirrt. Er offenbart ihr seine Liebe und will gleich für sie ins Feuer springen. Sie reagiert ernsthaft, fast böse, aber mit niedergeschlagenen Augen, nimmt, als sich Reiter nähern, schnell noch seinen Blumengruß entgegen und lässt ihn zurück. In den nächsten Tagen erfährt er die extremen Gefühlsschwankungen eines hoffnungslos Verliebten. Genauso plötzlich kommt das Ende der Liebe, die Einsicht in die Hoffnungslosigkeit, der Schmerz, das Alleinsein (S. 25–27). Auf dem Baum sieht er seine schöne Frau mit dem vermeintlichen Bräutigam, eine Welt stürzt für ihn zusammen, er besinnt sich auf seine aussichtslose Lage und beschließt zu reisen.

Der Taugenichts geht in seiner romantischen Liebe vollkommen auf, im Glück und im Unglück. Allumfassend. Er geht sofort „durchs Feuer" und erlebt gleich darauf den „Abgrund" und die „Ruinen seines Glücks". (Auf das Thema Liebe und Natur wird in Baustein 6 [Romantik] noch gesondert eingegangen.) Doch die Enttäuschung bringt ihm auch Einsicht, vom selben Baum sieht er wieder die Ferne und ihn packt die Reiselust.
Diese Abfolge extremer Gefühlslagen durchlebt der Taugenichts in kürzester Zeit, doch sie verwirren ihn nicht, sie lassen ihn nicht zweifeln oder gar verzweifeln, da er sie als Abfolge und nicht gleichzeitig erlebt. Er ist in der Weise über alles verliebt, wie er dann auch enttäuscht ist und ihn anschließend mit gleicher Intensität die Reiselust überwältigt.

Arbeitsauftrag:

❐ *Lesen Sie im „Taugenichts" die Auszüge S. 12, Z. 17 bis zum Ende von Kapitel 1 und Seite 18, Z. 4 bis S. 19, Z. 22. Markieren Sie Textstellen, an denen der Taugenichts über die „schöne gnädige Frau" spricht. Vergleichen Sie beide Textstellen. Wie wird die „schöne gnädige Frau" jeweils beschrieben? Wie reagiert der Taugenichts? Was sagt das über ihn aus?*

Die Liebe als totale Hingabe

Beschreibung der „schönen gnädigen Frau"	**Reaktion des Taugenichts**	**Bedeutung für den Taugenichts**
1. Szene		
– Lilie in der Hand – still lächelnd – wie ein Engel im Himmel	– gesteht Liebe auf ewig – drückt Liebe im Lied aus – „liebt" aus voller Brust und Lust	– Standesgrenzen werden deutlich – Ausgeschlossensein – weint bitterlich – Glück und Leid
2. Szene		
– im grünen Jagdhabit mit nickenden Federn – tief in Gedanken – <u>seinen</u> Blumenstrauß vor der Brust	– beteuert seine Liebe, will durchs Feuer springen, will ihr alles geben – ist erschüttert, vollkommen aus der Bahn geworfen	– scheint Standesgrenzen vergessen zu haben – Liebe überwindet Hindernisse – Glück

⇒ Die Liebe ist für den Taugenichts „Gefühl pur". So wie er die Liebe als Glück empfindet, so fühlt er sie genauso intensiv als Leid. Beide Gefühle sind gleich stark und intensiv, aber sie überlagern sich nicht, sie treten nacheinander auf, werden extrem wahrgenommen und ändern sich genauso schnell wieder.

2.2 ❐ Die Leiden des Tonio Kröger

„Die Sache war die, dass Tonio Hans Hansen liebte und schon vieles um ihn gelitten hatte. Wer am meisten liebt, ist der Unterlegene und muss leiden –, diese schlichte und harte Lehre hatte seine vierzehnjährige Seele bereits vom Leben entgegengenommen; [...] " (S. 11)

Für Tonio ist Lieben und Leiden eins. Er kennt das eine nicht ohne das andere. In Hans Hansen liebt er das, was er selbst nicht ist, das muss zu Leid und Schmerz führen. Der tiefe Zweifel an sich selbst führt dazu, dass Tonio reines Glück gar nicht erleben kann, sein Zweifeln führt immer zur Zerrissenheit und damit erlebt er Glück und Leid immer gemeinsam, eine Kombination, die der Sehnsucht zu Eigen ist.
„So war Hans Hansen, und seit Tonio Kröger ihn kannte, empfand er Sehnsucht, sobald er ihn erblickte, eine neidische Sehnsucht, die oberhalb der Brust saß und brannte." (S. 12)

Auch die Liebe zu Ingeborg Holm ist von Sehnsucht geprägt und trägt von Anfang an Schmerz und Leid in sich (S. 22/23).
Tonio arbeitet innerlich an seinen ersten jugendlichen Liebeserfahrungen und definiert Liebe für sich; diese Definition bestimmt sein Leben.

„Denn das Glück, sagte er sich, ist nicht, geliebt zu werden; das ist eine mit Ekel gemischte Genugtuung für die Eitelkeit. Das Glück ist, zu lieben und vielleicht kleine, trügerische Annäherungen an den geliebten Gegenstand zu erhaschen." (S. 23/24)

Die Schülerinnen und Schüler erhalten folgenden Arbeitsauftrag:

❐ *Lesen Sie in „Tonio Kröger" das 2. und 3. Kapitel. Markieren Sie Textstellen, die Tonios Liebe zu Hans Hansen und zu Ingeborg Holm zum Inhalt haben. Welche Auffassung von Liebe kommt darin zum Ausdruck? Welche Bedeutung hat diese Liebe für Tonio? Was sagt das über Tonios Charakter aus?*

Die Liebe als Schmerz

Tonios Liebesauffassung	Bedeutung für Tonio	Tonios Charakter
zu Hans Hansen – Liebe ist Leiden – der Unterlegene liebt mehr – Tonio liebt sein Gegen- und gleichzeitig Wunschbild	– empfindet neidische Sehnsucht – Abgrenzung und Wunsch	– zerrissen – leidend – unzufrieden – gefühlsschwankend
zu Ingeborg Holm – Liebe bedeutet Schmerz – bleibt unverstanden – dennoch macht Liebe glücklich – Liebe lässt Leben spüren	– fühlt sich ausgeschlossen – Glück in seliger Selbstverleugnung	– selbstquälerisch – einsam – schwermütig

⇒ Auch in der Liebe wird die innere Zerrissenheit von Tonio Kröger deutlich. Für ihn heißt Liebe in erster Linie Schmerz und Leid. Er sieht Liebe als hohes Gut, von dem er aber weit entfernt ist, er baut Ansprüche auf, denen er und andere nicht genügen, und daran leidet er.

2.3 ❒ Vergleich zweier Liebender

Das furchtlose optimistische Weltbild des Taugenichts, sein Gottvertrauen, lässt ihn Liebe und Leid erleben. Das eine so intensiv wie das andere. Der „romantische" Mensch vertraut sich an, erlebt sich als „natürlicher" Teil seiner Umwelt. Die Naturmetaphorik bei der Beschreibung von Liebe und Leid (z. B. die Blumen als Symbol für die Liebe und der Baum als Zufluchts- und Sicherheitsort [S. 26, S. 29, S. 36]) und die „Alles-wird-gut"-Einstellung, die den Taugenichts durchs Leben trägt, machen das Gott- und Naturvertrauen der Romantiker deutlich.

Ganz anders die Auffassung von Liebe bei Tonio Kröger. Liebe ist Leid, Zweifel, Sehnsucht. Sie beschwingt nicht, sondern treibt rastlos voran. Tonio zweifelt an sich und der Welt, findet keinen Platz, bleibt auf der Suche. Krisenstimmung war die Grundlage des Fin de Siècle, der Beginn des 20. Jahrhunderts war geprägt von Unsicherheiten, Ängsten und Zweifeln. Tonio leidet unter dem Druck, sich mit all seiner Lebens- und Liebeszerrissenheit selbst durchs Leben tragen zu müssen.

In einem weiteren Erarbeitungsschritt werden die Schülerinnen und Schüler aufgefordert, mittels einer produktionsorientierten Aufgabe die oben erarbeitete Liebes- und Lebensauffassung der beiden Protagonisten in einem Text umzusetzen.

❒ *Nach der Abreise schreiben Tonio bzw. der Taugenichts einen Abschiedsbrief an ihre „große Liebe", in dem sie dem Partner* ***ihre Liebe offenbaren,*** *die* ***Beweggründe für die Abreise*** *schildern und ihre* ***Zukunftspläne*** *beschreiben. Schreiben Sie einen solchen Brief. (Der Taugenichts schreibt an die „schöne gnädige Frau". Bei Tonio Kröger können Sie selbst wählen, ob Sie an Ingeborg Holm oder Hans Hansen schreiben wollen.)*

Bei der Besprechung der Briefe sollte nach dem ersten spontanen Austausch eine Gegenüberstellung als Tafelbild erarbeitet werden, wobei auf die o. g. Unterschiede eingegangen werden soll (exemplarisch für 3 bis 4 Briefe je Protagonist).

Tonio

Über meine Liebe	Über meine Abreise	Zukunftspläne
– sie schmerzt – unerwiderte Liebe – Unverständnis der anderen – Poesie als Heimat	– Ausbruch aus der Enge – zu schmerzhafter Abschied – fehlender Bezug in der Stadt	– Weg der Selbstfindung – Leben als Dichter – Suche nach dem inneren Glück, nach der Einheit von Geist und Leben

Taugenichts

Über meine Liebe	Über meine Abreise	Zukunftspläne
– erste große Liebe – Glück, Traum – Liebe bestimmt alle Gedanken	– schmerzhafte „Erkenntnis" – keine Heimat mehr – Glück in der Ferne – jedes weitere Zusammentreffen wäre zu leidvoll – sofortige Abreise notwendig	– große Abenteuer warten – unvergessliche Liebe – Vertrauen auf Gott und Glück

⇒ Beide Protagonisten erklären ihrer jeweiligen Geliebten, warum sie den Ort ihrer Liebe verlassen müssen. Beide schreiben im Schmerz und im Verlust. Deutlich wird auch, dass Tonio Kröger weit mehr aus innerem Selbstzweifel und Leid schreibt als der Taugenichts, der im Verlust auch gleich den positiven Aspekt der Zukunft sieht.

Baustein 3 Leitmotivische Dingsymbole

In der Textausgabe „Aus dem Leben eines Taugenichts“ sind auf den Seiten 136/137 die Begriffe „Leitmotiv“ und „Dingsymbol“ definiert. Daran anschließend sind einige Fragen und Aufgaben beschrieben, wie man im Unterricht diese leitmotivischen Dingsymbole herausarbeiten und sich ihnen nähern kann. All diese Fragestellungen gelten auch für die Dingsymbole, die in diesem Baustein im Einzelnen besprochen werden sollen: Springbrunnen/Wasserkünste; Geige; blond/blauäugig; Tanz

3.1 ❐ Der Taugenichts

3.1.1 Springbrunnen und Wasserkünste

Der folgende Erarbeitungsschritt bezieht sich auf die Textstellen:
S. 10 / S. 26 / S. 36 / S. 54 / S. 65/66 / S. 80 / S. 83 / S. 105

Der Springbrunnen oder die Wasserkünste begleiten den Taugenichts durch das gesamte Werk. Meistens in idyllischer Umgebung, oft in der Nacht, ist das Rauschen des Wassers das einzige Geräusch in sonstiger Stille. „[...]; nur der Springbrunnen vor dem Eingange plätscherte einsam in einem fort“ (S. 26). Das Geräusch des Wassers löst im Taugenichts Sehnsucht und Einsamkeit aus, aber auch Vertrautheit, Geborgenheit und Konstanz. In der Stille der Nacht nimmt das Plätschern die Angst. Für den Sohn des Müllers bedeutet dieses Wasserrauschen auch Heimat. „So, dachte ich, scheint der Mond auch über meines Vaters Mühle und auf das weiße gräfliche Schloss. Dort ist nun auch schon alles lange still, die gnädige Frau schläft und die Wasserkünste und Bäume im Garten rauschen noch immer fort wie damals, und allen ist's gleich, ob ich noch da bin oder in der Fremde, oder gestorben“ (S. 36).
Der Springbrunnen ist aber auch Symbol für Lebensmut, der nicht versiegen darf, der wach hält, der in der Einsamkeit für Klarheit sorgt. „Ich setzte mich auf den steinernen Springbrunnen, der mitten auf dem einsamen Platze stand, wusch mir mit dem klaren Wasser die Augen hell und sang dazu“ (S. 66). Nur in dem „Märchenschloss“ in Norditalien, dort, wo dem Taugenichts, in Intrigen verstrickt, Angst und Bange wird, dort sind auch die Wasserkünste vernachlässigt und ausgetrocknet (vgl. S. 53).
Insgesamt symbolisiert der Springbrunnen das Lebensgefühl des Taugenichts. Das Lebenselixier „Wasser“ sprudelt, fließt, verändert sich und bleibt doch an ein und demselben Ort. Daher der Springbrunnen und nicht die Quelle, der Fluss oder das Meer. Der Springbrunnen und die Wasserkünste sind Kunstprodukte, nicht nur Natur, sondern auch Kunstwerk, sie werden zur gestalteten Natur.

❐ *Lesen Sie die angegebenen Textstellen (s. o.) und benennen Sie die Tageszeit, das jeweilige Umfeld und, wenn beschrieben, die Gefühle des Taugenichts, die an der jeweiligen Stelle mit dem Springbrunnen oder den Wasserkünsten verbunden sind.*

Die Ergebnisse des Unterrichtsgesprächs können folgendermaßen an der Tafel oder auf Folie festgehalten werden:

Das Symbol des Springbrunnens und der Wasserkünste

Seite	Tageszeit	Umfeld/Gefühle
10	sehr zeitig, sehr früh	wunderschöner Garten, verliebt
26	früher Morgen	einsam, der Springbrunnen als Konstante in einer veränderten Umgebung
36	Nacht	Sehnsucht, Melancholie, Erinnerung an das Schloss und die „schöne Frau"
54	Morgendämmerung	„vertrocknete Wasserkunst", ungepflegter Garten, heilloses Durcheinander, wunderschöner Fernblick
65/66	morgens	Wasserkunst im Garten rauschte noch, Verbindung zum Abend vorher, Grausen vor leerem Haus; steinerner Springbrunnen auf einsamem Platz, findet „Freund" und Lebensfreude wieder
80	Nacht	voll Gedanken und stiller Erwartung, Vergnügen am Rauschen und Gesang
83	Nacht	alle Freuden haben ihn verlassen, Abschied von Italien
105	nach Sonnenuntergang	Zukunftspläne, Rom, die Stadt der schönen Wasserkünste, freudig erregt, zufrieden

⇒ Das Rauschen des Wassers dient als Konstante in einer sich verändernden Welt (Tag/Nacht, Freude/Einsamkeit, Liebe/Leid)

Es fällt auf, dass der Springbrunnen oder die Wasserkünste nur in der Nacht und in den frühen Morgenstunden erwähnt werden. Meist ist das Rauschen des Wassers einziges Verbindungsglied zum Abend vorher. Auch wenn sich fast alles verändert, das Rauschen bleibt. Einsamkeit und Orientierungslosigkeit, Lebensfreude und neuer Mut, das alles steht in Zusammenhang mit dem Symbol des Springbrunnens.

3.1.2 Die Geige

Die Geige, treueste Begleiterin des Taugenichts, hat aus unterschiedlichen Gründen eine zentrale Bedeutung. Im Zusammenhang mit dem Motiv des Tanzes (siehe weiter unten) ebenso wie in Baustein 6, „Die Bedeutung der Kunst für die Entwicklung des Taugenichts", wird die Geige in der Textanalyse besondere Beachtung finden. Daher soll hier nur kurz auf ihre Bedeutung als leitmotivisches Dingsymbol eingegangen werden.

Die Schüler und Schülerinnen suchen selbst Textstellen heraus und benennen die Bedeutung, die die Geige dort für den Taugenichts hat.
Es soll hier genügen, die Geige als Reisebegleiterin des Taugenichts zu erkennen, vor allem in Zeiten des Aufbruchs (S. 5, Z. 35/S. 27, Z. 19), der Einsamkeit (S. 31, Z. 20ff.) und zur Kontaktaufnahme mit fremden Menschen unterwegs (S. 32, Z. 28ff.).

❒ *Suchen Sie drei Textstellen heraus, in denen die Geige eine besondere Rolle spielt. Beschreiben Sie die Situation, in der der Taugenichts sich befindet, und erläutern Sie, welche Bedeutung die Geige für ihn jeweils hat.*

Das Symbol der Geige

Seite	Situation	Bedeutung der Geige
S. 5	Aufbruch, er verlässt seine Heimat	Er nimmt „seine liebe Geige" mit auf die Reise, einzige Reisebegleiterin
S. 27	Aufbruch, er verlässt seine Liebe	Er erinnert sich seiner Geige, seines getreuen Instrumentes, Reisebegleitung
S. 31	Einsamkeit, verirrt im Wald	Geige tröstet ihn, nimmt ihm die Einsamkeit
S. 32	trifft auf fremde Menschen	über die Geige stellt er Kontakt her
S. 65	sucht seine „schöne Frau"	Geige als Erkennungszeichen, als Signal

⇒ Die Geige dient als Begleitung in allen Lebens- und Gefühlslagen, sie ist im wahrsten Sinne sein „Instrument", Gefühle auszudrücken und Kontakte herzustellen.

3.2 ❒ Tonio Kröger

Um den direkten Vergleich mit dem „Taugenichts" zu ermöglichen, bieten sich bei „Tonio Kröger" die Dingsymbole „Springbrunnen" und „Geige" an, die aber beide keine wirklich zentrale Rolle für die Erschließung der Novelle spielen. Von entscheidenderer Bedeutung zeigt sich eher die Erschließung der Symbolik „blond und blauäugig".

3.2.1 Die Blonden und Blauäugigen

Für Tonio verkörpern die Blonden und Blauäugigen all das, was er nicht ist, was er sich aber im Innersten seiner Seele wünscht zu sein. An diesem Gegenbild seiner selbst leidet er, verspürt Sehnsucht und Neid, wenn auch vermischt mit Verachtung. „Aber meine tiefste und verstohlenste Liebe gehört den Blonden und Blauäugigen, den hellen Lebendigen, den Glücklichen, Liebenswürdigen und Gewöhnlichen. Schelten Sie diese Liebe nicht, Lisaweta; sie ist gut und fruchtbar. Sehnsucht ist darin und schwermütiger Neid und ein klein wenig Verachtung und eine ganze keusche Seligkeit." (S. 73)

Zu Beginn der Novelle sind es seine beiden Jugendlieben Hans Hansen (S. 8 und S. 10) und Ingeborg Holm (S. 17/18 und S. 20), die jeweils gleich zweimal als blond und blauäugig beschrieben werden. Sie verkörpern für Tonio die Welt der nicht von Selbstzweifeln zerfressenen „Normalbürger", die mit sich und der Welt zufrieden und glücklich sein können. (Weitere Textstellen: S. 39 und S. 71)

❒ *Welche Gefühle hegt Tonio gegenüber den „Blonden und Blauäugigen" und welche Bezeichnungen verwendet er für sie?*
Erarbeiten Sie dies aus den Textstellen auf den Seiten 17/18; 20; 39; 71 und 73.

Als Ergebnissicherung kann folgendes Tafelbild dienen:

„Die Blonden und Blauäugigen"

positive Gefühle Tonios	Liebe (17); die blonde, lustige Inge (20); Leben, ohne den Geist nötig zu haben, ohne Leiden und Sehnsucht (39); tiefe, verstohlene Liebe (73)
negative Gefühle Tonios	neidische Sehnsucht, herber, drängender Schmerz (20); Eifersucht, Neid (71)
Bezeichnungen	Lebendige, Glückliche, Liebenswürdige, Gewöhnliche

⇒ ambivalentes Empfinden Tonios den „Blonden und Blauäugigen" gegenüber. Gleichzeitigkeit von Bewunderung und Ablehnung, von Sehnsucht und hochnäsigem Bedauern.

3.2.2 Springbrunnen, Walnussbaum, Geige und Ostsee

Auch wenn die hier aufgeführten Dingsymbole sich nicht so eindeutig aufdrängen wie im „Taugenichts", so spielen sie doch eine Rolle für die Charakterisierung Tonios, vor allem im Vergleich zum Taugenichts.
Die hier genannten Dingsymbole sind für den pubertierenden Tonio Anreize seiner poetisch-schwärmerischen Natur, „[...] Dinge, deren Namen mit guter Wirkung in Versen zu verwenden sind und auch wirklich in den Versen, die Tonio Kröger zuweilen verfertigte, immer wieder erklangen" (S. 10). Letztendlich sind es aber Symbole einer oberflächlichen, nicht wirklich tiefen künstlerischen Auseinandersetzung, die es zu überwinden gilt. Die genannten Dingsymbole sind für Tonio später eher banale Äußerlichkeiten, an die er sich mit wohlwollendem Spott zurückerinnert, die er aber in seiner Kunst überwunden zu haben glaubt (vgl. S. 27).

❒ *Lesen Sie die Textstellen S. 9, letzter Absatz bis S. 10, dritter Absatz und S. 26, letzte Zeile bis S. 27, zweiter Absatz. Welche Rolle spielen der Springbrunnen, der Walnussbaum, die Geige und die Ostsee im Leben Tonios?*

Als Ergebnissicherung dient folgendes Tafelbild:

Rolle von Springbrunnen, Walnussbaum, Geige und Ostsee

S. 9/10
- schaffen Genugtuung
- Dinge, die Tonio liebt
- spiegeln sein Inneres wider
- Anreiz zum Schreiben
- drücken gleichzeitig Nähe und Ferne aus

S. 26/27
- Erinnerung an Kindheit
- als Banalitäten der Jugend im späteren Werk überwunden

⇒ Symbole stehen für seine Kindheit, für wohltuende Erinnerungen, aber auch bereits für seine Andersartigkeit und schmerzhafte Sehnsucht

3.3 ❒ Die Bedeutung des Tanzes in beiden Novellen

Vielleicht nicht als Dingsymbol in Reinform zu identifizieren, so hat doch der Tanz in beiden Novellen eine besonders wichtige symbolhafte Bedeutung. Gerade beim Tanz erschließt sich die jeweilige Persönlichkeitsstruktur des Protagonisten, seine Weltsicht und seine gesellschaftliche Einbindung.

In diesem Zusammenhang bietet es sich an, den historischen Hintergrund für beide Novellen zu erschließen, weil der Tanz als gesellschaftliches Ereignis seiner jeweiligen Zeit konkret auf die gesellschaftliche und historische Perspektive verweist.

Anhand zweier ausgewählter Textstellen soll zunächst die Bedeutung des Tanzes in der jeweiligen Novelle erarbeitet werden. Anschließend können in gemischten Arbeitsgruppen die Analyseergebnisse ausgetauscht und verglichen werden, bevor dann das Arbeitsblatt 4, S. 35 in Einzel- oder Gruppenarbeit bearbeitet wird. Aufgabenstellung für beide Novellen:

❒ *Analysieren Sie die angegebenen Textstellen unter folgender Fragestellung: Wie wird der Tanz oder das Tanzen in der jeweiligen Textstelle beschrieben? Welche Bedeutung hat der Tanz für die Gemeinschaft und für den Protagonisten?*

a. „Taugenichts“

Textstellen: S. 22, Z. 36 – S. 23, Z. 20
S. 32, Z. 28 – S. 33, Z. 30
S. 75, Z. 20 – S. 76, Z. 35
S. 102, Z. 18 – 103, Z. 4

Der Tanz gilt als gesellschaftliches Ereignis, das Lebensfreude und Gemeinschaftssinn zum Ausdruck bringt. Ob Hofgesellschaft oder bäuerliche Landbevölkerung, ob in deutschen Landen oder in Italien, die Menschen finden im Tanz zusammen und spüren ihre Freude am Leben. Auch wenn in der ersten der angegebenen Textstellen der Taugenichts außerhalb steht und sich einsam und ver-

lassen fühlt, ist es sein Wunsch, zu den Tanzenden zu gehören, in der Gemeinschaft aufzugehen und bei seiner Geliebten zu sein. „Da tanzt *Sie* nun, dacht ich in dem Baume droben bei mir selber, und hat gewiss lange wieder dich und deine Blumen vergessen. Alles ist so fröhlich, um dich kümmert sich kein Mensch" (S. 23). In den beiden anderen Textstellen bringt der Taugenichts die Menschen mit seiner Musik zum Tanzen. Er schart die Menschen um sich, er wird durch die Musik zum wichtigen Teil dieser Gemeinschaft. Dies macht er aus reiner Lebensfreude und lehnt eine Bezahlung kategorisch ab, findet den Versuch gar beleidigend (vgl. S. 33, Z. 17). Erst in der dritten Textstelle spielt *und* tanzt er, wird also im Verlauf der Novelle Stück für Stück in die tanzende Gemeinschaft integriert. „Ich konnte mich nicht länger halten, ich sprang mitten unter sie hinein und machte, während ich dabei immerfort geigte, recht artige Figuren" (S. 76, Z. 22ff.). Dabei gerät er so sehr „außer sich", dass er gar nicht merkt, wann die Mittanzenden ihr Tun beenden. Er wird als „Narr" bezeichnet, es wird von ihm verlangt, an seine Verpflichtungen zu denken und nicht so herumzuspringen „wie ein Ziegenbock!" (S. 76, Z. 30/31).
Der Tanz hat im „Taugenichts" etwas Vereinendes, etwas, das die Menschen in Freude einander näher bringt. Die Menschen drücken im Tanz ihre Lebensfreude und Begeisterung aus. Der Tanz fungiert als gesellschaftliches Ereignis, als Ritual, zu sich und zu seiner Liebe zu finden. Der Taugenichts rückt Stück für Stück in diesen Kreis der Tanzenden, bis er schließlich mit seiner „schönen gnädigen Frau" aus dem verwirrenden Kreis der Tanzenden springt und sich alles auflöst. „Ich sprang in dem Geschwirre und Geschleife ellenhoch von einer Seite zur andern, da es aber schon dunkel wurde, erkannte ich erst nach und nach alle die alten Gesichter wieder" (S. 102, Z. 24–27).

Folgendes Tafelbild dient der Ergebnissicherung:

Der Tanz im „Taugenichts"

Textstelle	Beschreibung des Tanzes	Bedeutung für den Taugenichts
S. 22/23	– alle „wogten" und „walzten" bunt durcheinander – fröhlich	– steht außen vor – Gegenteil seiner einsamen und traurigen Situation
S. 32/33	– macht die Bauernburschen agil – lustig, artig	– spielt auf, lehnt aber Bezahlung ab – wird Teil der Gemeinschaft, tanzt aber nicht mit
S. 75/76	– spielt welschen Tanz auf – alle tanzen bunt durcheinander – alle tanzen bis zur Erschöpfung	– spielt erst auf, springt dann mitten hinein und tanzt selbst mit – schlichtet Streit – verliert sich im Tanz und muss von Kammerjungfer an seine Pflicht erinnert werden
S. 102/103	– Geschwirre und Geschleife – unübersichtlich – Gesichter kaum zu erkennen	– eine Art Hochzeitstanz, spielt selbst nicht – sieht seine Liebste aus dem Kreis springen – springt zur rechten Zeit hinterher

⇒ Der Tanz hat für den Taugenichts eine gesellschaftliche Integrationsfunktion. Spielt er anfangs zum Tanze auf, so tanzt er später selbst mit und wird Teil der ihn umgebenden Gesellschaft.

b. „Tonio Kröger“

Textstellen: Kapitel 1, S. 18-24
Kapitel 8, S. 69-71

Gesellschaftliches Ereignis ist der Tanz bei Tonio Kröger auch. Es ist „das“ gesellschaftliche Ereignis, um der nachfolgenden Generation der großbürgerlichen Oberschicht „Unterricht in Tanz und Anstand erteilen zu lassen“ (S. 18). In der Tanzstunde finden sich die zukünftigen Paare der „guten Gesellschaft“ und lernen, sich den Regeln entsprechend zu verhalten. Tonio lernt diese Regeln nicht, will sie nicht lernen. „Er blickte in sich hinein, wo so viel Gram und Sehnsucht war. Warum, warum war er hier? Warum saß er nicht in seiner Stube und las Storms „Immensee“ und blickte hie und da in den abendlichen Garten hinaus, wo der alte Walnussbaum schwerfällig knarrte? Das wäre sein Platz gewesen. Mochten die anderen tanzen und frisch und geschickt bei der Sache sein“ (S. 22). Sein Platz ist dennoch bei der Tanzstunde, doch nur um Inge nahe zu sein, aus einiger Entfernung wenigstens. Tonio bleibt außerhalb, er verstößt gegen die Regeln, kommt beim Tanz „unter die Damen“, alle lachen über ihn. In dieser „bürgerlichen Gesellschaft“ will Tonio nicht leben, er stellt sich abseits, fühlt aber dennoch den Schmerz des Ausgestoßenen (S. 23, zweiter Absatz).
Auch in der zweiten Textstelle bleibt Tonio Außenstehender einer Tanzgesellschaft. Er steht im Dunkeln und beobachtet die tanzende Gesellschaft. Seine Stellung als Außenseiter wird ihm noch einmal ganz deutlich, der Tanz als gesellschaftliches Ereignis der „Blonden und Blauäugigen“, nach denen sich Tonio zwar sehnt, zu denen er aber nie gehören wird. Er ist und bleibt jemand, der die Tanzenden nur beobachtet, aber nie Teil dieser tanzenden Gesellschaft wird. „Er war berauscht von dem Feste, an dem er nicht teilgehabt, und müde vor Eifersucht. Wie früher, ganz wie früher war es gewesen! Mit erhitztem Gesicht hatte er an dunkler Stelle gestanden, in Schmerzen um euch, ihr Blonden, Lebendigen, Glücklichen, und war dann einsam hinweggegangen“ (S. 71).

Folgendes Tafelbild dient als Ergebnissicherung:

Der Tanz in „Tonio Kröger“

Textstelle	Beschreibung des Tanzes	Bedeutung für Tonio Kröger
S. 18–24	– Tanz und Anstand – gesellschaftliches Ereignis – wundervoll beherrschte Körperlichkeit	– etwas für Dumme (F. Knaak) – schmerzend, trennend (I. Holm) – Liebe und Tanz schließen sich für ihn aus – er macht sich lächerlich – oberflächlich, posenhaft
S. 69–71	– tolle, ausgelassene Bewegung – die Paare fliegen vorbei – atemloses Gelächter – „des Lebens süßer, trivialer Dreitakt“	– Erinnerung an Jugend, Liebe und Schmerz – Glück und Leben der anderen, der Blonden und Blauäugigen – gesellschaftliches Ereignis, an dem Tonio nie teilhaben wird

⇒ Der Tanz hat für Tonio Kröger eher ausschließende Bedeutung, er symbolisiert die fehlende gesellschaftliche Integration Tonios.

Zusammenfassend wird deutlich, dass der Tanz in beiden Novellen eine zentrale Bedeutung einnimmt, jedoch mit entgegengesetzter Aussageintention. Der Taugenichts wird durch den Tanz Stück für Stück Mitglied der Gesellschaft, er steht zuerst außen vor, wird Teil der tanzenden Gemeinschaft, springt mit seiner „Liebe“ aus dieser Gemeinschaft heraus und findet so sein Glück. Tonio Kröger bleibt die gesamte Novelle über ein Außenstehender. Er betrachtet die Tanzenden mit einer Mischung aus Eifersucht und Hochmut, wissend, dass er nicht dazu gehört und nie dazu gehören wird.

Mit diesem Ergebnis erarbeiten die Schülerinnen und Schüler anschließend das Arbeitsblatt 4, in dem Hugo von Hofmannsthal über die Bedeutung des Tanzes schreibt.

Folgendes Tafelbild ergibt sich aus der Bearbeitung von Arbeitsblatt 4:

Die Bedeutung des Tanzes nach Hugo von Hofmannsthal

für das Individuum:	macht beglückend frei, enthüllt Freiheit und Identität, überwindet Hemmungen, Medium körperlicher Selbstaussprache, Ausgleich zum Alltagseinerlei
für die Gesellschaft:	Möglichkeit der sozialen und körperlichen Begegnung, Selbst-Repräsentation der Gesellschaftsschichten, Spiegel des sozialen Wandels

Alle Punkte finden sich in beiden Novellen wieder, betreffen die beiden Protagonisten aber auf sehr unterschiedliche Weise.

Taugenichts:	erlebt alle die von Hofmannsthal angeführten Kriterien
Tonio Kröger:	ist sich aller dieser Kriterien bewusst, lebt diese Bedeutungszuschreibungen aber nicht, erfährt Tanz eher als erdrückend, einengend und entfremdend

Mit der folgenden produktionsorientierten Aufgabe sollen die Schülerinnen und Schüler eigene Tanz- und Discoerfahrungen in die Textarbeit einbringen und auf die Protagonisten der beiden Novellen übertragen:

❒ *Stellen Sie sich vor, der Taugenichts und Tonio Kröger würden in der heutigen Zeit leben. Beide führten ein Tagebuch. Die gesamte vergangene Nacht hätten sie in einer Disco verbracht. Versetzen Sie sich in Ihren Protagonisten und schreiben Sie den Tagebucheintrag (Wo war die Disco? / Warum sind Sie hingegangen? Haben Sie jemanden kennen gelernt? / Haben Sie oft getanzt und wie? / Welchen Musikgeschmack haben Sie? / u. A.).*

Variation:

❒ *Sie schreiben aus einer „Außenperspektive“. Ihnen ist „der Typ“ (Taugenichts oder Tonio) in der vergangenen Nacht in der Disco aufgefallen. Schreiben Sie auf, was Ihnen an seinem Verhalten aufgefallen ist.*

Die Bedeutung des Tanzes

„Hugo von Hofmannsthal notiert im Jahr 1911 in seinen Aufzeichnungen: ‚Der Tanz macht beglückend frei. Enthüllt Freiheit, Identität'; und er stellt diesem Bild der freien tänzerischen Bewegung die ‚Hemmung' als ‚Lebensbedingung des Menschen' gegenüber.
Der Gedanke vom Glück der körperlichen Freiheit, vom abgeworfenen Zwang der Hemmung bezeugt die Anziehungskraft, die der Tanz als Medium körperlicher Selbstaussprache des Individuums auf die Dichter ausübt. [...]
Ob auf dem Hofball, auf einem Bürgerfest, bei der ländlichen Kirchweih oder in den Tanzlokalen moderner Großstädte: Im Tanz bietet sich die Möglichkeit der sozialen und erotischen Begegnung als Ausgleich zum Einerlei des Arbeitsalltages. Auf dem Ball, in ihren Tanzformen und Fest-Ritualen inszenieren Gesellschaften und Gesellschaftsschichten ihre glanzvolle Selbst-Repräsentation. Der Wechsel der Tanzstile, die Veränderung in der Etikette und in den Organisationsformen der Bälle wird zum Spiegel des Wandels in den sozialen Umgangsformen und in den Begegnungsmustern der Geschlechter. [...]"

Aus: Gabriele Brandstetter, Nachwort in: Aufforderung zum Tanz. Geschichten und Gedichte, hrsg. v. Gabriele Brandstetter. Stuttgart: Reclam 1992, S. 401–415

- ❒ *Welche Funktion hat der Tanz nach Hugo von Hofmannsthal*
  a. für das Individuum?
  b. für die Gesellschaft?

- ❒ *In welcher Weise kommen diese Funktionen in der jeweiligen Novelle zum Tragen, und wie verhält sich der jeweilige Protagonist ihnen gegenüber?*

Illustration zum „Taugenichts" in der Ausgabe von 1842 (Adolf Schroedter)

La Valse. Stich nach dem Gemälde von Victor Gilbert. AKG, Berlin

Baustein 4 Das Motiv des Reisens

Dieser Baustein ist das Kernstück der Analyse beider Texte. Er zeichnet für die Schülerinnen und Schüler noch einmal detailliert den Handlungsablauf der Novellen nach, gibt Auskunft über Motivation und Entwicklung der beiden Protagonisten und klärt Gesamtzusammenhänge und Interpretationsansätze grundlegend. Von daher wird dieser Baustein sehr ausführlich ausfallen und unterteilt sich in vier Stationen:

- Der Moment des Aufbruchs
- Die Reiseroute
- Die Bedeutung des Reisens
- Die Begegnung mit dem Fremden (Tonio trifft Taugenichts)

4.1 ❒ Der Moment des Aufbruchs

Der Einstieg in diesen Baustein steht in direktem Zusammenhang mit der produktionsorientierten Abschlussaufgabe in Baustein 2.
Die Schülerinnen und Schüler sollen die Textstelle interpretieren, in der sich der Protagonist auf den Weg macht und seine Reise antritt. Der Grund für die Reise, die Ausgangssituation des Protagonisten und sein Gemütszustand sollen am Text erarbeitet und – bei Parallellektüre – gegenübergestellt werden.

4.1.1 Taugenichts

Arbeitsauftrag:

❒ *Lesen Sie die erste Seite des „Taugenichts“ noch einmal durch (inkl. des ersten Liedes). Unterstreichen Sie Textstellen, die darüber Auskunft geben, wie der Taugenichts seine Reise antritt. (In welcher Lebenssituation befindet er sich? Tritt er die Reise freiwillig an? Welche Einstellung hat er der Reise gegenüber? Was verspricht er sich von ihr?) Fassen Sie Ihre Ergebnisse für einen Kurzvortrag zusammen. Bereiten Sie als Vortragshilfe Karteikarten mit den wichtigsten Punkten vor.*

Für den Taugenichts ist es an der Zeit, sein eigenes Leben zu finden und zu führen. Wie ein Vögelein wird er vom Vater aus dem Nest gestoßen, mit Geld versehen und auf die Reise geschickt. Der Taugenichts nimmt das alles leicht, ja erleichtert auf, er freut sich auf die Reise, brauchte nur den väterlichen Anstoß und los geht's. „Und eigentlich war mir das recht lieb, denn es war mir kurz vorher selbst eingefallen, auf Reisen zu gehen [...]“ (S. 5, Z. 16–18). Er braucht nichts außer sich selbst und seiner Geige. Zuversicht, Optimismus und vor allem Gottvertrauen sind für ihn Garanten einer positiven Zukunft, alles zusammengefasst in seinem ersten Lied, das sozusagen zur Losung seiner Reise wird. Der Taugenichts erkennt die Gunst, die Gott ihm mit der Reise erweist, denn dem, der sich aufmacht, „dem will er [Gott] seine Wunder weisen“. Nur der Träge bleibt zu Hause, der Gottesgläubige macht sich auf den Weg. Gott, der die Natur so vortrefflich eingerichtet hat, „hat auch mein ‚Sach aufs Best‘ bestellt!“ Der Reiseantritt bedeutet für den Taugenichts den Beginn seines selbst bestimmten Lebens, seines Erwachsenwerdens. Aus der Obhut des Vaters entlassen begibt er sich in die Obhut Gottes, um so seinen Weg durch das Leben zu gehen. Die Trägen bleiben zu Hause in „Sorgen, Last und Not um Brot." (S. 6, Z. 8) Er, als Faulenzer beschimpft, wagt im Gegensatz zu den Trägen den Weg in die Ferne, um sein Glück zu machen.

Auf den Karteikarten der Schülerinnen und Schüler könnten folgende Hinweise stehen, die in ähnlicher Form auch zur Ergebnissicherung als Tafelbild dienen:

Der Taugenichts und sein Reiseantritt

- Frühling – Zeit des Aufbruchs
- Taugenichts sitzt auf Türschwelle – weist auf Veränderung hin
- wischt sich den Schlaf aus den Augen – erwacht
- Vater wirft ihn hinaus – aus dem Nest geworfen
- Taugenichts will gehen – er will sein Glück machen
- packt seine Geige (sonst nichts) – Vater gibt ihm Geld
- freut sich gehen zu dürfen – arme Leute bleiben arbeitend zurück
- Taugenichts ist stolz und zufrieden – fühlt ewigen Sonntag
- endlich ins freie Feld – spielt die Geige und singt
- Reise wird als Gunst Gottes verstanden – vertraut auf Gott

⇒ Der Taugenichts tritt seine Reise mit einer positiven, optimistischen Grundhaltung an.

4.1.2 Tonio Kröger

Arbeitsauftrag:

❒ *Lesen Sie den Beginn von Kapitel 3 (S. 24/25) noch einmal durch. Unterstreichen Sie Textstellen, die darüber Auskunft geben, wie Tonio Kröger seine Reise antritt. (In welcher Lebenssituation befindet er sich? Tritt er die Reise freiwillig an? Welche Einstellung hat er der Reise gegenüber? Was verspricht er sich von ihr?) Fassen Sie Ihre Ergebnisse in einem Kurzvortrag zusammen und stellen Sie sich auf eine Präsentation ein. Bereiten Sie für Ihren Vortrag Karteikarten mit den wichtigsten Punkten vor.*

Für Tonio Kröger ist der Aufbruch zu seiner Reise ein bewusster Übergang von einer Lebensphase in eine neue. Ein Erkenntnisprozess geht der Entscheidung voraus. Nach Auflösung der Familie, nach Distanzierung von der bürgerlichen Lebens- und Denkensweise, nach der Einsicht, nur noch Spott für die Enge seiner Heimatstadt zu empfinden, entscheidet sich Tonio für den Weg in die Ferne. Er weiß von Beginn an, dass es ein beschwerlicher, unglücklicher, unmöglicher Weg wird, doch er „muss" ihn gehen. Getrieben von jugendlicher Leidenschaft will er Schriftsteller werden, er weiß aber auch, welchen Preis er zu zahlen hat. Er hat also konkrete Zukunftsvorstellungen, erkennt aber von vornherein das Schmerzhafte, das ihn auf seiner Reise erwartet: Komik und Elend.

Auf den Karteikarten der Schülerinnen und Schüler könnten folgende Hinweise stehen, die dann auch zur Ergebnissicherung als Tafelbild dienen:

Tonio Kröger und sein Reiseantritt

- Tonio muss gehen, es gibt einen inneren Zwang
- er geht nachlässig und ungleichmäßig
- für ihn gibt es keinen richtigen Weg – er trägt tausend Daseinsformen in sich – lauter Unmöglichkeiten
- die Familie hat sich aufgelöst (Vaters Mutter und Vater tot – Mutter neu verheiratet und in der Ferne)
- Tonio verlässt enge, winklige Heimatstadt
- er ist groß und klug geworden, hat mit der Welt seiner Kindheit und Jugend abgeschlossen
- er ergibt sich der Macht des Geistes und des Wortes – er schlägt einen bestimmten Weg ein, den Weg des Schriftstellers

⇒ Tonio Kröger beginnt seine Reise aus innerem Zwang und weiß von Anfang an, dass es keinen richtigen Weg geben wird, er macht sich zweifelnd und pessimistisch auf den Weg.

4.1.3 Vergleich der Aufbruchsituationen

Im Folgenden sollen die Aufbruchsituationen der beiden Protagonisten miteinander verglichen werden. Dazu dient ein Zitat aus einem Essay über das Reisen, das den Schülerinnen und Schülern auf Folie auf dem OV-Projektor oder als Kopie präsentiert werden kann.

„Jeder Aufbruch ist ein schmerzliches Losreißen aus vertrauten Umständen, ein Ablegen der eingefahrenen Verhaltensweisen, eine Entkonditionierung – auch eine Entcodierung. Man muss den Schlafrock der Gewohnheiten und die gemütlichen Pantoffel ausziehen, das Gepäck schnüren, Abschied nehmen. Insofern ist der Aufbruch eine Art, sich preiszugeben und auszusetzen, die mit einer Verletzbarkeit verbunden ist.
Die Reiseliteratur gibt genügend Aufschluss darüber, dass jede Reise mit einer Krise verbunden ist [...]“

Aurel Schmidt: Von Raum zu Raum. Versuch über das Reisen. Berlin: Merve Verlag 1998, S. 20

Arbeitsauftrag:

- ❐ *Inwiefern treffen die Ausführungen Schmidts auf den Taugenichts bzw. auf Tonio Kröger zu? Begründen Sie Ihre Einschätzungen ausführlich.*
- ❐ *Beschreiben Sie ein Erlebnis, in dem Sie selbst in einer Aufbruchsituation waren. Vergleichen Sie Ihre Erfahrung mit dem, was Schmidt beschreibt. (Gibt es Gemeinsamkeiten?)*

Die Ausführungen Schmidts treffen auf beide Protagonisten zu, allerdings in unterschiedlichem Ausmaß. Ist es beim Taugenichts zwar ein „Losreißen aus vertrauten Umständen, ein Ablegen der eingefahrenen Verhaltensweisen“, so hat es bei ihm aber nichts Schmerzliches oder Krisenhaftes. Es scheint eher ein organischer Übergang von einer Lebensphase zur nächsten zu sein. Begründet ist dies mit der „göttlichen Fügung“ in diese Veränderung. Sie gehört zur Natur und ist damit gottgewollt. Dieser Hintergrund fehlt bei Tonio Kröger. Hier trifft das Krisenhafte, das Verletzte und Verletzbare schon eher zu. Tonio „gibt sich preis", denn er weiß, dass er an einem Scheidepunkt seines Lebens angelangt ist, er weiß, dass er sich verändern muss und dass dies mit Schmerzen verbunden sein wird. Er ist sich des Verlustes bewusst, weiß aber auch um dessen Notwendigkeit.

Als Ergebnissicherung dient folgendes Tafelbild:

Die Aufbruchsituation der Protagonisten

- Taugenichts
  - nichts wirklich Krisenhaftes
  - nichts Schmerzliches
  - eher frohen Mutes von einer Lebensphase in die nächste
- Tonio Kröger
  - innerer Zwang
  - Krise im Inneren und Zerfall der Familie
  - Wissen um schmerzhafte Veränderung
  - notwendiger Verlust

→ Losreißen aus vertrauten Umständen
Ablegen eingefahrener Verhaltensweisen

4.2 ❐ Die Reiseroute

Die Schüler und Schülerinnen rekonstruieren in Gruppenarbeit die Reiseroute der Protagonisten und stellen sie auf Folie den Mitschülern vor. Fragen zu Besonderheiten werden dann im gemeinsamen Gespräch erarbeitet.
Dann gestalten die Gruppen gemeinsam eine Wandkarte, auf der die Reiseroute der Protagonisten (gemeinsam oder getrennt) eingezeichnet wird. Diese Karte, je größer desto besser, wird im Klassenzimmer aufgehängt.
Eine weitere Möglichkeit ist die Gestaltung der Reiseroute als Collage. Aus Zeitschriften und Prospekten werden Bilder, Schlagworte oder Karten ausgeschnitten und als Gestaltungsmaterial für die Reiseroute benutzt.

❐ *Zeichnen Sie die Reiseroute Ihres Protagonisten auf ein Plakat und illustrieren Sie sie mit Bildern oder Texten aus Reisekatalogen, Zeitschriften oder Prospekten. Versuchen Sie dabei auch bei der Gestaltung den Charakter Ihres Protagonisten miteinzubeziehen.*

Die Reiseroute des Taugenichts
Mühle des Vaters (Tagesreise per Kutsche von Wien entfernt) → Schloss in Wien → Dorf (Taugenichts trifft Maler) → 2. Schloss in Norditalien → Flucht nach Rom → zurück an die Donau → Rückreise nach Wien

Die Reiseroute Tonio Krögers
Lübeck → Italien → München → Lübeck → Kopenhagen → Norddänemark

4.2.1 Das Reiseziel Italien

Beide Protagonisten besuchen auf ihrer Reise Italien. Im Folgenden soll untersucht werden, was Italien für sie bedeutet und welche Erfahrungen sie dort sammeln. Da Italien in der deutschen Literatur auch in vielen anderen Werken von besonderer Bedeutung ist, soll hier stellvertretend auf Goethes „Italienische Reise" eingegangen und diese in Bezug zu den beiden Novellen gesetzt werden.

a. Der Taugenichts

„Der Portier mit der kurfürstlichen Nase, welcher überhaupt viele Kenntnisse von der Weltgeschichte hatte, sagte oft zu mir: ‚Wertgeschätzter Herr Einnehmer! Italien ist ein schönes Land, da sorgt der liebe Gott für alles, da kann man sich im Sonnenschein auf den Rücken legen, so wachsen einem die Rosinen ins Maul, und wenn einen die Tarantel beißt, so tanzt man mit ungemeiner Gelenkigkeit, wenn man auch sonst nicht tanzen gelernt hat.' – Nein, nach Italien, nach Italien!, rief ich voller Vergnügen aus, und rannte, ohne an die verschiedenen Wege zu denken, auf der Straße fort, die mir eben vor die Füße kam". (S. 28/29)

❐ *Arbeiten sie aus der zitierten Textstelle heraus, welches Bild sich der Taugenichts von Italien macht. Beschreiben Sie dann, wie sich das Italienbild des Taugenichts im Laufe der Novelle wandelt. Ziehen Sie dazu noch weitere Textstellen zu Rate.*

- S. 62/63 (Rom als heilige Stadt)
- S. 82/83 (Das falsche Italien)
- S. 103 (Nach der Hochzeit wieder in Italien)

Italien bedeutet für den Taugenichts das Schlaraffenland. Es ist mehr eine Idee als ein konkretes Reiseziel, es ist die Vorstellung von Glück, die ihn auf die nächstbeste Straße laufen lässt, um nach Italien zu kommen. Glück, Wärme, Abenteuer, Herausforderung, Sorglosigkeit, das alles beinhaltet für den Taugenichts Italien. Dazu kommt noch Rom als Heilige Stadt, als Zentrum der Katholischen Kirche und als Stadt Gottes. So wird hier seine Verbindung zu Gott und der damit verknüpften Zuversicht deutlich, die für seine gesamte Reisezeit von so zentraler Bedeutung ist. Doch das konkrete Rom/Italien bedeutet für den Taugenichts Verwirrung, Undurchsichtigkeit, Unklarheit. Das Verlorensein in der Fremde wird dem Taugenichts hier besonders deutlich und er verlässt schnell und froh das „falsche Italien", um wieder nach Hause zu kommen. Sofort nach der Auflösung aller Wirren will er aber mit all seinen Lieben gleich wieder nach Italien zurückkehren. Das „richtige" Italien bleibt Symbol für sein Glück, seine Zuversicht und für sein Gottvertrauen.

b. Tonio Kröger

„Er lebte in großen Städten und im Süden, von dessen Sonne er sich ein üppiges Reifen seiner Kunst versprach; und vielleicht war es das Blut seiner Mutter, welches ihn dorthin zog. Aber da sein Herz tot und ohne Liebe war, so geriet er in Abenteuer des Fleisches, stieg tief hinab in Wollust und heiße Schuld und litt unsäglich dabei." (S. 26)
„Gott, gehen Sie mir doch mit Italien, Lisaweta! Italien ist mir bis zur Verachtung gleichgültig! Das ist lange her, dass ich mir einbildete, dorthin zu gehören. Kunst, nicht wahr? Sammetblauer Himmel, heißer Wein und süße Sinnlichkeit … Kurzum, ich mag das nicht. Ich verzichte. Die ganze bellezza macht mich nervös. Ich mag auch all diese fürchterlich lebhaften Menschen dort unten mit dem schwarzen Tierblick nicht leiden. Diese Romanen haben kein Gewissen in den Augen […] Nein, ich gehe nun ein bisschen nach Dänemark." (S. 41)

❐ *Arbeiten Sie aus den Textstellen auf S. 26 und 41 heraus, welches Bild sich Tonio von Italien macht. Beschreiben Sie dann, wie und warum sich sein Italienbild im Laufe der Novelle wandelt.*

Für Tonio bedeutete Italien Sinnlichkeit, Lebenslust, Perfektionierung seiner Kunst, er erfährt Italien als Exzess, als Wolllust, als Extrem. Zweifler, Skeptiker, Einzelgänger, der er ist, lehnt er dies aber später ab, nach Selbsterkenntnis und persönlichem Wachstumsprozess. Er sehnt sich nach Klarheit, Frische, Ruhe, und das alles sucht er im Norden. Italien hält er für eine Täuschung, eine Selbsttäuschung, die er durchschaut und überwunden hat und mittlerweile verachtet.

4.2.2 Vergleichende Analyse

Die Schülerinnen und Schüler arbeiten an den genannten Textstellen die Bedeutung Italiens für den Taugenichts bzw. für Tonio Kröger heraus. Anschließend folgt der Vergleich beider Sichtweisen.
Für den Vergleich im Plenum lässt sich folgendes Tafelbild entwickeln:

Die Bedeutung Italiens

Taugenichts		Tonio Kröger
	Erwartungshaltung	
– Schlaraffenland – Sonnenschein – Tanz und Vergnügen – Gottesland		– Blut der Mutter – Reifen seiner Kunst – Sinnlichkeit
	Erfahrungen	
– Verwirrung – undurchschaubar – „das falsche Italien“		– zu lebhaft – macht nervös – gewissenlos – Ablehnung – Verachtung
	Konsequenz	
– nach Klärung Rückkehr ins „richtige“ Italien →	Selbstfindung	← – zur Klärung der Weg nach Dänemark

Die Ausgangssituation ist für beide Protagonisten ähnlich. Beide versprechen sich von Italien Lebensglück, Aufschluss über ihre eigene Identität, Klärung nach einer inneren Verwirrung. Für Tonio Kröger expliziter und ausgesprochener als für den Taugenichts. Für den Taugenichts wird die Verwirrung in Italien noch größer, Tonio Kröger erkennt, dass Italien nicht die Antwort auf seine Fragen ist. Beide gehen „zurück“. Der Taugenichts findet sein Glück nahe der Heimat, um dann mit seiner Frau ins „richtige“ Italien zu reisen, Tonio muss „über die Heimat hinaus“ in den Norden, um Klarheit zu gewinnen. Das Ende ihrer Reise heißt aber für beide Protagonisten Selbstfindung, wobei Italien in beiden Fällen eine wichtige Etappe darstellt.

Anschließend bieten sich noch weitere Wege an, das Reiseland Italien in Bezug zu den Novellen zu thematisieren:

- *Gehen Sie in ein Reisebüro und beschaffen Sie sich Reiseangebote für Italien oder rufen Sie im Internet die entsprechenden Homepages auf. Welches Bild von Italien wird in der Touristikwerbung vermittelt? Stellen Sie dem Plenum ver-*

schiedene Materialien vor. Finden sich in dieser Werbung Anlehnungen an die Sichtweise des Taugenichts oder Tonio Krögers?

- *Fertigen Sie aus Bildmaterial (Prospekte, Zeitschriften u. Ä.) eine Collage zum Thema „Italien“ an. Gestalten Sie Ihre Collage nach bestimmten Vorgaben: In einer Collage könnte das Italienbild des Taugenichts erkennbar sein, in einer anderen das von Tonio und wieder in einer anderen das Ihrige.*

Auch für Johann Wolfgang von Goethe war Italien ein Reiseziel von herausragender Bedeutung. Auch für ihn war Italien, und hier besonders Rom, Zentrum und Hauptstadt der Welt. Er findet hier die Bilder seiner Jugend wieder, entdeckt sie neu, durchlebt eine Zeit der Verunsicherung und Verwirrung, lernt die südländische Lebensweise schätzen und kommt zu dem Schluss, in Rom sich selbst gefunden zu haben und „glücklich und vernünftig“ geworden zu sein.
Dies sollen die Schülerinnen und Schüler aus dem Arbeitsblatt 5, S. 43 herausarbeiten und mit dem „Taugenichts“ und „Tonio Kröger“ in Verbindung bringen. Der Taugenichts und Tonio Kröger versprechen sich Ähnliches von Italien, wie es Goethe formuliert. Die Reise nach Italien ist für alle eine Art Ritual. Goethe spricht davon, dass dort alle Träume seiner Jugend lebendig wurden, dass er ein neues Leben begann. Er zeigt sich von der italienischen Lebensart begeistert, aber auch verwirrt und irritiert. Er spricht letztendlich von Rom als dem Ort, an dem er sich selbst gefunden hat. In dem Prozess der Selbstfindung spielt Italien sowohl für den Taugenichts wie auch für Tonio Kröger eine ähnlich zentrale Rolle.

4.3 ❐ Die Bedeutung des Reisens

Das Motiv des Reisens ist in beiden Novellen zentrales Thema. In diesem Abschnitt soll die Frage nach dem Sinn dieses Reisens im Mittelpunkt stehen. Dabei gilt es zu beantworten, ob der Protagonist eine Entwicklung durchmacht, ob neben der äußeren auch eine innere Veränderung stattfindet, ob der Protagonist an so etwas wie einem Ziel anlangt, ob das Reisen nur eine Lebensphase darstellt oder ob das Reisen für das Leben an sich steht. Als Einstieg bietet sich an, die Schülerinnen und Schüler in einem Unterrichtsgespräch nach eigenen Reiseerfahrungen zu befragen.

- *Welche Funktion hat für Sie das Reisen? Wie verreisen Sie und mit welchen Erwartungen?*

An dieser Stelle steht das Gespräch im Mittelpunkt, verschriftlichen sollen die Schülerinnen und Schüler ihre Eindrücke an späterer Stelle.

Die folgenden Einschätzungen zum Thema Reisen sollen als Hintergrundinformation für die Besprechung der Novellen dienen.

Der Text auf dem Arbeitsblatt 6 (S. 44) definiert den Begriff „Reisen“ aus seiner Bedeutungsgeschichte heraus und geht dann ausführlich auf die Verbindung von Identitätsbildung und Reisen ein. Dabei stellt der Text heraus, dass Reisen, die Begegnung mit dem „Anderen“, dem „Fremden“, die Wahrnehmung des „Selbst“ verändert und damit zu einer Identitätsveränderung beitragen kann. Reisen kann demnach elementarer Bestandteil für die Persönlichkeitsentwicklung sein.
Sowohl auf den Taugenichts wie auch auf Tonio Kröger treffen diese Überlegungen zum Thema Reisen zu. Der Prozess der Identitätsveränderung deutlicher auf Tonio als auf den Taugenichts. Tonio, der seiner mütterlich-südländischen Künst-

Italien als Reiseziel bei J. W. v. Goethe

Rom, den 1. November 1786

[...] Ja, ich bin endlich in dieser Hauptstadt der Welt angelangt! (...)
Die Begierde, nach Rom zu kommen, war so groß, wuchs so sehr mit jedem Augenblicke, dass kein Bleiben mehr war und ich mich nur drei Stunden in Florenz aufhielt. Nun bin ich hier und ruhig, und wie es scheint, auf mein ganzes Leben beruhigt. Denn es geht, man darf wohl sagen, ein neues Leben an, wenn man das Ganze mit Augen sieht, das man teilweise in- und auswendig kennt. Alle Träume meiner Jugend sehe ich nun lebendig; die ersten Kupferbilder, deren ich mich erinnere – mein Vater hatte die Prospekte von Rom auf einem Vorsaale aufgehängt – sehe ich nun die Wahrheit, und alles was in Gemälde und Zeichnungen, Kupfern und Holzschnitten, in Gips und Kork schon lange gekannt, steht nun beisammen vor mir; wohin ich gehe, finde ich eine Bekanntschaft in einer neuen Welt; es ist alles, wie ich mir's dachte, und alles neu. [...]

Rom, den 25. Januar 1787

Nun wird es immer schwerer, von meinem Aufenthalt in Rom Rechenschaft zu geben; denn wie man die See immer tiefer findet, je weiter man hineingeht, so geht es mir in Betrachtung dieser Stadt.
Man kann das Gegenwärtige nicht ohne das Vergangene erkennen, und die Vergleichung von beiden erfordert mehr Zeit und Ruhe. [...]

Caserta, den 16. März 1787

Neapel ist ein Paradies; jedermann lebt in einer Art von trunkener Selbstvergessenheit. Mir geht es ebenso; ich erkenne mich kaum, ich scheine mir ein ganz anderer Mensch. Gestern dachte ich: Entweder du warst sonst toll oder bist es jetzt.
Wenn man in Rom gern studieren mag, so will man hier nur leben; man vergisst sich und die Welt, und für mich ist es eine wunderliche Empfindung, nur mit genießenden Menschen umzugehen. [...]

Neapel, den 22. März 1787

Triebe mich nicht die deutsche Sinnesart und das Verlangen, mehr zu lernen und zu tun als zu genießen, so sollte ich in dieser Schule des leichten und lustigen Lebens noch einige Zeit verweilen und mehr zu profitieren suchen. Es ist hier gar vergnüglich sein, wenn man sich nur ein klein wenig einrichten könnte. Die Lage der Stadt, die Milde des Klimas kann nie genug gerühmt werden; aber darauf ist auch der Fremde fast allein angewiesen.

Rom, den 14. März 1788

In Rom hab ich mich selbst zuerst gefunden, ich bin zuerst übereinstimmend mit mir selbst, glücklich und vernünftig geworden. [...]

Aus: Johann Wolfgang von Goethe: Werke in vier Bänden. Wien: Caesar Verlag 1981, Band 1, S. 275–293

- ❒ *Welches Bild entwirft Goethe in diesen Textauszügen von Italien?*
- ❒ *Vergleichen Sie Ihre Ergebnisse mit denen zum „Taugenichts“ und zu „Tonio Kröger“.*

Kultur und Reisen

„Reisen“ meint [...] zunächst einmal ganz allgemein, einen grenzüberschreitenden Ortswechsel vorzunehmen, freiwillig oder unfreiwillig. Reisen bedeutet auch Veränderung, Bewegung im Gegensatz zum Stillstand der an einem Ort Zurückbleibenden.
Das Wort *Reise* kommt ursprünglich aus dem Mittelhochdeutschen und bedeutet ‚Aufbruch; Unternehmen, Zug, Fahrt, Heerfahrt‘. Zwischen *reisen* und dem Wort *Erfahrung* gibt es einen unmittelbaren Zusammenhang: Einerseits bedeutete das Wort ursprünglich ‚reisen: durchfahren, durchziehen; erreichen‘, wurde aber schon früh im heutigen Sinn gebraucht als ‚erforschen, kennenlernen, durchmachen‘. Besonders wird das zweite Partizip *erfahren* seit dem 15. Jahrhundert als Adjektiv für ‚klug, bewandert‘ gebraucht. Dazu gehört Erfahrenheit, während Erfahrung im Sinne von ‚Wahrnehmung, Kenntnis‘ verwendet wird (im Mittelhochdeutschen auch ‚Durchwanderung, Erforschung‘) (vgl. Der Duden 1989, 160; vgl. auch Hlavin-Schulze 1998, 13-14).
Durch Reisen als kulturelle Praxis ergibt sich die Möglichkeit, andere Kulturen kennenzulernen, die eigene Kultur und damit auch die eigene Identität (sowohl fremd- wie auch selbstbestimmter Natur) (besser) kennenzulernen und zu transformieren. Es wird leichter möglich, die Perspektive zu wechseln und in die Haut des Anderen, Fremden zu schlüpfen – man ist plötzlich selbst der Fremde. Die Erfahrung der Ferne (vgl. Leed 1993, Krusche 1994) kann diesen Perspektivwechsel unterstützen. Reisen kann – muss aber nicht zwangsläufig – zu einem Perspektivenwechsel führen. Leed (1993, 279) weist darauf hin, dass Reisen zu einer solchen Transformation der Identität beitragen kann: „Die auf Reisen erworbene soziale Existenz macht deutlich, dass es kein Selbst ohne ein ‚Anderes‘ gibt und dass jede Identität im Grunde durch Spiegelung erzeugt wird. Wird dieses Spiegelbild verändert oder verzerrt, so macht auch die Identität eine Verwandlung durch.“

Aus: Birgit Weiss: Reisen aus der Distanz. In: Trans, Internetzeitschrift für Kulturwissenschaften 12, Januar 2002. (www.inst.at/trans/12Nr/weiss/12.htm#ENT5)

❒ *Der Text definiert den Begriff „Reisen“ und beschreibt, welche Bedeutung das Reisen für die Selbstfindung eines Individuums haben kann. Fassen Sie die zentralen Aussagen zusammen und erläutern Sie anschließend, inwiefern diese Ausführungen auf den Taugenichts bzw. auf Tonio Kröger zutreffen.*

lernatur nachgehen will, erkennt den für ihn falschen Weg. Die Begegnung mit dieser Seite seines Selbst führt zur Ablehnung, zur Überwindung dieses Teils seiner Identität. Das Reisen bleibt für ihn aber elementarer Klärungsprozess, reist er doch in die „andere Richtung“. Der Taugenichts reist ohne große Vorüberlegung, er wird mit sanfter Gewalt zum Reisen – und damit zur Veränderung – gedrängt, sucht aber das Beste aus der jeweiligen Situation zu machen. Auch für ihn bedeutet Reisen Entwicklung der Identität. Er geht durch diese Reiseerfahrung hindurch, um zurück am Ausgangspunkt Klarheit zu finden.

Der Text „Warum Reisen“ von Stephen Greenblatt (Zusatzmaterial 4, S. 83) geht ebenfalls auf das Verhältnis von „Reisen“ und „Erfahrung“ ein. Auch dieser Text beschreibt die persönliche Veränderung der Reisenden. Neugier und Grenzüberschreitung sind Begriffe, die dieser Text zum Thema hinzufügt. Am Schluss geht der Text aber noch auf einen neuen Aspekt ein, nämlich auf die Verbindung von Erwartung und Wahrnehmung. Mit welchem Bild der Fremde fahren wir dorthin und wie bringen wir Erwartung und Realität in Übereinstimmung? Welche Vorstellungen Taugenichts und Tonio Kröger von Italien haben und wie sie Italien dann erleben, lässt sich anhand dieses Textes erarbeiten.

Als Abschluss dieser Erarbeitungsphase bietet es sich an, die Schülerinnen und Schüler nach eigenen Reiseerfahrungen zu befragen. In einer schriftlichen Arbeit könnten sie auch von einer Reiseerfahrung berichten, die für ihr Leben sehr einschneidend gewesen ist.

- ❐ *Schreiben Sie einen Bericht von einer eigenen Reiseerfahrung, die Sie als besonders wichtig einstufen, die Ihr Leben, wenn nicht verändert, so doch stark beeinflusst hat. Berichten Sie, um welche Art Reise es sich gehandelt hat, ob Erwartungen mit der Reise verbunden waren und was sich für Sie verändert hat.*

4.3.1 Taugenichts

In den folgenden Textauszügen steht die Reiselust des Taugenichts im Mittelpunkt. Oben von dem Baum, von dem aus er seine Geliebte mit ihrem vermeintlichen Bräutigam gesehen hat, sieht er auch die Ferne, die Weite, die in ihm die „ehemalige Reiselust“ wieder weckt. Es zieht ihn hinaus in die Welt, er will Erfahrungen machen und wie zu Beginn seiner Reise begleitet ihn nur seine Geige, sein „getreues Instrument“. Trotz Wehmut und Trauer fühlt er sich so frei und froh wie zu Beginn seiner Reise beim Abschied vom Vater und er singt auch genau das Lied, das er bei seinem Aufbruch gesungen hat. Nach dem Vater lässt er auch seine erste Liebe hinter sich, um sich in der Welt umzuschauen.
Er genießt die Reise, versteht die Menschen in der Fremde zwar nicht, lernt aber Land und Leute kennen, grüßt die Mädchen und lässt sich durch die Lande fahren, „bis ans Ende der Welt“ (S. 48, Z. 29), wenn ihm nicht klar würde, dass sein Geld zur Neige geht. Die Fremde bereitet ihm auch Angst, er versteht die Menschen nicht, weiß nicht, wo es wirklich hingeht. Doch bei all seiner Unsicherheit ruft er: „Nun Gott befohlen“ und überlässt sich dem Schicksal. Reise als innerer Vorgang, als Suche der eigenen Identität, als innere Zerrissenheit, davon ist beim Taugenichts nichts zu erfahren. Das Leben **ist** Reise.

- ❐ *Lesen Sie die folgenden Textauszüge:*
  - *S. 26, Z. 26 „Da richtete ich mich in meinem Baume auf ...“ bis zum Ende des zweiten Kapitels*
  - *S. 48, Beginn 5. Kapitel bis S. 50, Zeile 11*

  Welche Bedeutung hat das Reisen für den Taugenichts? Markieren Sie relevante Textstellen?

Die relevanten Textstellen lassen sich als Tafelbild folgendermaßen anführen:

Bedeutung des Reisens für den Taugenichts

- Reiselust (S. 26/Z. 33)
- er muss fort (S. 26/Z. 40)
- er und seine Geige (S. 27/Z. 17)
- Trauer und Fröhlichkeit (S. 27/Z. 25/26)
- Fahrt geht immer fort (S. 48/Z. 1/2)
- Fremdheit (S. 48/Z. 4)
- Unsicherheit (S. 48/Z. 8/9)
- angenehme Zeit (S. 48/Z. 11-20)
- Angst (S. 49/Z. 7)
- Erleichterung (S. 49/Z. 33/34)
- Verunsicherung, neue Sichtweisen (S. 29/Z. 36-40)
- Gottvertrauen und Erwartungen (S. 50/Z. 9/10)

⇒ Der Taugenichts hat Lust, sich auf Neues einzulassen, ohne bestimmtes Ziel und trotz Unsicherheiten und Fremdheit. Er vertraut auf Gott und sieht der Welt mit Optimismus entgegen.

4.3.2 Tonio Kröger

Für Tonio bedeutet das Reisen „auslüften“, er sucht „das Weite“ (S. 41). Aber diesmal nicht im Süden, sondern im Norden. Er ist auf der Suche nach seinen Wurzeln, will dem väterlichen Teil nachspüren. Er will zu seinem Ausgangspunkt (S. 42) zurück. Für Tonio ist das Reisen Suche nach der eigenen Identität.
Obwohl er in Kopenhagen den touristischen Part seiner Reise erlebt, sucht er etwas anderes. Er sucht die Kindheit und Jugend, er sucht sein Innerstes, seine Wurzeln. Als er in Kopenhagen überall an seine Heimatstadt, an Hans Hansen und Ingeborg Holm erinnert wird, reist er noch weiter in den Norden, noch mehr Reisender in Sachen „Ich“. „Eine Unruhe, süß und töricht, Erinnerung halb und halb Erwartung, bewegte ihn […]“ (S. 58). Er findet seinen Ort und „schickt sich an, hier eine Weile zu leben.“ (Und trifft auf das, was er sucht.)

❒ *Lesen Sie die angegebenen Textauszüge:*
- *Kapitel 5, S. 41/42*
- *S. 58, von „Und Tonio landete in Dänemark. …“ bis Ende Kapitel 7*

Welche Bedeutung hat das Reisen für Tonio Kröger? Markieren Sie relevante Textstellen.

Bedeutung des Reisens für Tonio Kröger

- innere Veränderung und Suche (S. 41)
- will keine Ablenkung (S. 41)
- Klarheit im Norden (S. 42)
- Kindheits- und Jugenderinnerung (S. 42)
- kein Tourist (S. 58)
- getrieben von Erinnerung, Erwartung und Verlangen nach Ruhe (S. 58)
- Ziel der Reise ist „leben" (S. 59)

⇒ Für Tonio bedeutet Reisen Selbstfindung. Er sucht verzweifelt nach seiner Identität und hofft sie durch Ortswechsel zu finden. Das Ziel der Reise steht schon vor derselben fest.

4.3.3 Reisen als Erkenntnisprozess

Das Arbeitsblatt 7, S. 48, geht ebenfalls auf die Bedeutung des Reisens für die Protagonisten ein. Das Paradoxon in Text 1 besteht darin, dass beide Reisenden „Findende" sind. Der, der reist um sich zu finden, der aus der Erkenntnis des Begrenzten hinaus will, der sich verändern will, reist los, erkennt den Wandel, die Veränderung, die Flexibilität, nimmt Neues in sein Selbst auf und kommt sich auf diesem Weg näher. Der Reisende, der sich entkommen will, erfährt Ähnliches. Er erfährt sich als Reisender, als jemand, dessen Selbst es ist, unterwegs zu sein, und er findet sich so ein Stück selbst.

Der Taugenichts, der ohne große Existenzkrise „einfach so" auf Reisen geht, vom Vater dazu genötigt, aber in keinster Weise widerwillig, reist „mit leeren Händen" (Ausnahme: die Geige), offen für Wandel, Erfahrung und Veränderung. Er lernt kennen und macht Erfahrungen, um dann als Erwachsener ins Leben zu treten. Er gehört also eher zu der Gruppe Reisender, die sich auf die Suche macht.
Tonio will eher „entkommen": seiner Herkunft, seiner Heimatstadt. Er „muss" sich auf die Reise machen, um Frieden zu schließen. Der Konflikt zwischen bürgerlicher Herkunft und künstlerischer Ambition reibt ihn auf, „treibt" ihn auf Reisen. Er findet den Frieden, da er sich als „Akteur seines Lebens" findet. Er akzeptiert beides zu sein, Bürger und Künstler.

Die Ergebnisse des Unterrichtsgesprächs zu Text 1 könnten in folgendem Tafelbild festgehalten werden:

Die Bedeutung des Reisens

sich finden	sich entkommen
Taugenichts	Tonio Kröger
– freiwillig – neue Erfahrungen – Lebenspraxis gewinnen – Vorbereitung auf Erwachsenenleben	– innerer Zwang – Krisensituation – Klärung innerer Prozesse – Verwandlung akzeptieren
Ziel: – Durch Erfahren der Welt lebenstüchtig werden	– Durch Erfahren der Welt innere Ruhe finden

Zur Bedeutung des Reisens

1. „Wie das Fremdsein ist das Alleinsein eine unumstößliche Kategorie des Reisens. Man reist allein, auf sich gestellt, ohne Besitz, ohne Versicherung, mit leeren Händen, nur mit dem Behälter, in dem die Erinnerungen und Erfahrungen versorgt werden. Sie sind es, die den Menschen zu dem machen, der er ist. Was ein Mensch ist, kann er nur durch sich sein: durch den Akt des Lebens und was er daraus macht. Um es nochmals paradox zu sagen: Man reist, um sich zu finden – dann entkommt man sich und seiner Begrenztheit und wird zum Reisenden, zu jemandem, der sich verwandelt und diese Verwandlung auf sich nimmt. Oder man reist, um sich zu entkommen – dann findet man sich als Reisender, Verwandlungskünstler, Akteur seines Lebens."

   Aurel Schmidt: Von Raum zu Raum. Versuch über das Reisen. Berlin: Merve Verlag 1998

2. „Jede tatsächliche Reise ist [...] nur der praktische Nachvollzug bereits vorgestellter Reisen. Wer ein Gespür für Reisen hat, bringt gedachte und reale Bewegungen sehr weitgehend zur Deckung, lässt sich auf Wirklichkeiten ein, die ihm entsprechen, die zu ihm passen. In diesem Sinn reist er eigentlich nicht in die ‚Fremde', sondern in das ‚Eigene'. So kommt es, dass man sich manchmal ganz woanders wie zu Hause fühlt, dass das Fremde – von anderen Menschen, nach anderen Ideen und Gesetzen entworfen, gestaltet, manifestiert – den Reisenden nicht mit Furcht und Schrecken erfüllt, sondern ihn geradezu stimuliert und heiter macht, da es ihm – trotz anderer Ausformungen – nicht nur vertraut vorkommt, sondern ihn darüber hinaus auch noch zufriedenstimmt: dass er sich, trotz der riesigen Entfernungen, die er vielleicht zurückgelegt, und trotz der Beschwerlichkeiten, die er auf sich genommen hat, in einer Realität vorfindet, die der angestammten so ähnlich ist, ja manchmal sich gar nicht von dieser zu unterscheiden scheint. Die Reise nach außen und die Reise nach innen nehmen den gleichen Weg."

   Hans-Jürgen Heinrichs: Die geheimen Wunder des Reisens. Graz-Wien: Verlag Droschl 1993, S. 22/23

❒ *Aurel Schmidt unterscheidet in seinem Text zwischen Reisenden, die sich finden wollen, und solchen, die sich entkommen wollen.*
   a. Worin besteht das von ihm beschriebene Paradoxon?
   b. Lassen sich der Taugenichts und Tonio Kröger in diese Kategorien einordnen?

❒ *Text 2 zeigt auf, dass das Reisen immer parallel zu einer inneren Reise zu sehen und damit Selbstfindungsprozess ist. Zeigen Sie mit Bezug auf den jeweiligen Gesamttext auf, ob diese These auf den Taugenichts und/oder auf Tonio Kröger zutrifft. Belegen Sie Ihre Thesen mit Textverweisen.*

Text 2 stellt die These auf, dass die Reise nach außen, das Reisen in die Fremde, immer parallel zu einer Reise nach innen verläuft, dass das Fremde bereits von Reisebeginn an im Reisenden latent vorhanden ist. Die Reise in die Fremde hat also ebenfalls etwas Vertrautes, bereits Bekanntes und ist Teil des Selbstfindungsprozesses.

Beim Taugenichts wird dies an der Selbstverständlichkeit deutlich, mit der er ohne Furcht von Station zu Station zieht. Er wird zwar vom Vater gedrängt, sich auf den Weg zu machen, sagt aber, dass ihm diese Entscheidung „kurz vorher selbst eingefallen" war (S. 5). Er wird Teil eines für ihn undurchschaubaren Verwirrspiels, das ihn Liebe, Schmerz, Trauer, Freude und Angst erfahren lässt (vgl. S. 27, S. 48, S. 64). Sein Gottvertrauen leitet ihn durch all diese Erfahrungs- und Gefühlsschwankungen, um ihm am Ende Glück und Familie zu bescheren. Die Reise des Taugenichts symbolisiert die innere Reise des Erwachsenwerdens vom Verlassen des Elternhauses bis zur Gründung einer eigenen Familie.

Auch die Reise von Tonio Kröger zeigt diese Parallele von innen und außen. Er macht sich auf die Spur seines mütterlichen Erbes in Richtung Süden. Er erkennt, dass dies nicht sein Lebensziel ist, und kehrt nach intensiver Selbstreflexion an den Ort seiner Kindheit zurück, geht diesem Impuls noch weiter nach, er geht also „weiter" in den Norden, erlebt dort sein „déjà vu" und erfährt die Klarheit, die er braucht, um inneren Frieden zu finden.

Die Ergebnisse des Unterrichtsgesprächs zu Text 2 könnten folgendermaßen als Tafelbild zusammengefasst werden:

Parallelen der „inneren" und „äußeren" Reise

Taugenichts

- Mischung aus Zwang (Vater) und freiem Willen
- Ortswechsel als Vielfalt der Gefühle
- undurchschaubares Verwirrspiel
- Traumziel Italien – größte Verwirrung und Wendepunkt
- Gottvertrauen als „Reiseversicherung"
- Reise als Kreislauf zu Glück und Familie
- Prozess des Erwachsenwerdens

⇒ Der Taugenichts beendet die Reise als erwachsenes Mitglied der Gesellschaft.

Tonio Kröger

- innerer Zwang nach Auflösung der Familie
- „Süden" als falscher Weg
- Rückkehr in die „Kindheit"
- Norden als Konfrontation mit Herkunft und Vergangenheit
- Selbsterkennungsprozess

⇒ Tonio Kröger beendet die Reise mit der Erkenntnis, die innere Zerrissenheit annehmen zu müssen.

4.4 ❒ Die Begegnung mit dem Fremden

Nachdem das Motiv der Reise in beiden Novellen ausführlich besprochen wurde, soll im Folgenden mit einer produktionsorientierten und einer gattungsübergreifenden Arbeitsphase über die Textarbeit im engeren Sinn hinausgegangen werden.

4.4.1 Taugenichts trifft Tonio

Die Schüler und Schülerinnen sollen in Gruppen mit 4 bis 5 Teilnehmern arbeiten, wobei darauf zu achten ist, dass die Gruppen aus Taugenichts- und Tonio-Experten gemischt werden. Die Gruppen erhalten dann das Arbeitsblatt 8 (S. 51).
Zur Erläuterung möglicher Arbeitsergebnisse sollen hier einige Beispiele aus der Praxis aufgeführt werden.

1. Die Szene spielt im Wald, Tonio sitzt an einen Baum gelehnt und liest, der Taugenichts kommt singend daher und spricht Tonio an, der zwar höflich antwortet, aber zeigt, dass er an einem Gespräch nicht interessiert ist. Er wendet sich immer wieder seiner Lektüre zu, doch der Taugenichts lässt ihm keine Ruhe. Er redet über die Schönheit des Waldes, die wunderbare Tierwelt und seine vielen Abenteuer. Dann fragt er Tonio, was er lese, und es entwickelt sich ein Gespräch über Literatur.

2. Die Szene spielt in einer Gastwirtschaft. Tonio sitzt alleine in einer dunklen Ecke. Der Taugenichts kommt herein, fröhlich singend, setzt sich an einen Tisch und wird sogleich gut gelaunter Mittelpunkt der Schänke. Der Taugenichts versucht, Tonio in die gute Laune einzubeziehen, obwohl dieser deutlich zu verstehen gibt, dass er in Ruhe gelassen werden will. Der Taugenichts singt weiter, worauf sich Tonio beim Wirt über den Lärm beschwert. Es entsteht ein Disput über Musik und Lebensfreude.

3. Tonio und der Taugenichts sitzen sich in einem Zugabteil gegenüber. Tonio liest die Zeitung, der Taugenichts will sich unterhalten. Er redet auf Tonio ein, redet über die Landschaft, die Politik, über Kunst, eben über Gott und die Welt. Tonio verhält sich höflich, ablehnend und leidend.

4.4.2 Reisen im Gedicht

Hier bietet es sich an, die in der Taugenichts-Textausgabe abgedruckten Reisegedichte im Vergleich zu dem Motiv der Reise in den beiden Novellen zu besprechen. Er werden Gruppen von bis zu vier Schülerinnen und Schülern gebildet. Jede Gruppe entscheidet sich für eines der Gedichte, erarbeitet die Bedeutung des Reisens in dem Gedicht und setzt die Ergebnisse in Bezug zu den beiden Novellen.

❐ *Wählen Sie in Ihrer Gruppe eines der im Textband abgedruckten Reisegedichte. Analysieren Sie das Gedicht unter dem Aspekt, welche Funktion des Reisens darin zum Ausdruck gebracht wird.*
Vergleichen Sie anschließend ihre Ergebnisse mit den Erkenntnissen, die Sie in Bezug auf das Reisemotiv bei der Analyse der beiden Novellen gewonnen haben. Erarbeiten Sie Gegensätze und Ähnlichkeiten.
Bereiten Sie sich auf eine Präsentation Ihrer Ergebnisse im Plenum vor.
(Wie präsentieren Sie das Gedicht, wie die Analyse, wie den Vergleich mit Taugenichts und Tonio Kröger?)

Zusammenfassend sind hier die wichtigsten Analyseergebnisse zu den einzelnen Gedichten angeführt:

Friedrich von Logau: Ein unruhiges Gemüt (1654)
- die Bewegung als Schicksal des Menschen
- nicht frei gewählt
- Metaphorik schwer und belastend (Mühlstein – Menschenherz)
- Reisen, Bewegung hat nichts Befreiendes, eher Belastendes

Der Taugenichts trifft Tonio

Stellen Sie sich vor, Tonio Kröger und der Taugenichts träfen sich auf ihrer Reise. Entwickeln Sie eine Dialogszene, bei der die beiden ins Gespräch kommen. Klären Sie dabei auch per ***Regieanweisung*** *folgende Details: Wo findet die Begegnung statt? Requisiten? Angedeutete Kostüme? Bereiten Sie sich darauf vor, die Szene zu spielen.*
Das folgende Schema soll Ihnen die Arbeit erleichtern.

Ort	Person: Text	Regieanweisungen	Requisiten

- das „Herumgetriebensein“ als elementarer Teil des Seins
- kein eigentliches Ziel, eher Zustandsbeschreibung

Tonio Kröger und dem Taugenichts, die beide so etwas wie ein Ergebnis ihrer Reise anstreben, wäre mit Logau entgegenzuhalten, dass es ein solches Ergebnis nicht geben kann.

Was noch frisch und jung an Jahren, Deutsches Liedgut
- Reisen als Gewinn
- Frühling, Lebensglück, Lernen
- „Reisen ist das Allerbest!“
- Sprache, Metaphorik sehr ähnlich der von Eichendorffs im „Taugenichts“

Die Einstellung dem Reisen gegenüber kommt der des Taugenichts recht nahe. Die Unbeschwertheit, das positive Lebensgefühl werden geteilt, stehen damit im Gegensatz zum eher selbstquälerischen Reisemotiv Tonio Krögers.

Johann Wolfgang von Goethe, Der Musensohn (um 1799)
- lyrisches Ich als „Musensohn“ unterwegs
- Unbeschwertheit im Tun
- seine Künste öffnen ihm die Welt
- der Frühling treibt hinaus und der Traum hält den Winter über
- letzte Verse zeigen auch Trennungsschmerz und Heimweh
- innerer Zwang des Musensohnes weiterzuziehen wird deutlich

Die im Gedicht geschilderte Szene kommt der Dorfszene im „Taugenichts“ sehr nahe, wie auch das Reisemotiv dem Taugenichts mehr entspricht als dem Tonio Krögers.

Hugo von Hofmannsthal, Reiselied (1898)
- Metaphorik vermittelt Bedrohung
- Unbekanntes, Gefährliches kommt auf „uns“ zu
- Reise führt in „zeitlos“ schönes Land
- Todesmetaphorik: „ohne Ende“, „alterslos“, „Marmorstirn“ ...
- „leichte Winde wehn“ – Ziel, Ruhe, Tod als Erlösung nach bedrohlicher Reise
- Literatur der Jahrhundertwende

Kommt dem schwermütigen Tonio Kröger recht nahe. Reisen wird auch hier zur Metapher der Lebens- bzw. Todesfrage. Doch bedeutet das Reisen bei Hofmannsthal die Lebensreise, die mit dem Tod abgeschlossen ist und erst dann Ruhe verspricht. Der Reisemetapher als Erkenntnis- oder Lebensgewinn steht das entgegen.

Kurt Tucholsky, Luftveränderung (1924)
- gesteigerte Mobilität durch Eisenbahn
- die Welt wird durchreist, immer neue Ziele werden angestrebt
- von der Reise verspricht man sich Erkenntnis, Wahrheit, Weisheit
- Erkenntnis: Trotz allen Reisens gibt es keine Flucht vor dem „Ich“

In „Tonio Kröger“ und im „Taugenichts“ wird das Reisen als Metapher für Erkenntnisgewinn gebraucht. Dem hält Tucholsky entgegen, dass der Mensch trotz aller Mobilität, trotz allen Reisens nicht vor sich selbst davonlaufen kann.

Gottfried Benn, Reisen (zwischen 1949 und 1955)
- Reisen als Erkenntnisgewinn ist vergeblich
- in der Welt sind keine Erkenntnisse zu gewinnen
- „vergeblich das Fahren“ – die Erkenntnis liegt im „sich umgrenzenden Ich“
- Reise nach innen entscheidend, nicht Reise nach außen

Steht der Reisemetaphorik in beiden Novellen entgegen. Reisemotiv nicht als Weg, für Benn wäre Reisen im Sinne von Tonio Kröger und dem Taugenichts eher Ablenkung vom eigentlichen Prozess, der im Ich stattfindet.

Bertolt Brecht, Radwechsel (ca. 1951)

- Reisen, Fortbewegung als „Getriebensein", als Lebensinhalt
- der Radwechsel könnte Ruhepunkt sein, er bedeutet aber Unterbrechung
- Fahren, Mobilität als Wert an sich
- Bedürfnis nach permanenter Veränderung

Das Motiv des Reisens könnte hier als Lebensinhalt gemeint sein. Es geht nicht um das Ziel oder um die Fahrt von A nach B, es geht um die Bewegung, um die Veränderung an sich. Steht den zielgerichteten Reisemotiven in beiden Novellen von daher eher entgegen.

Rose Ausländer, Letzte Wiederkehr (Erstveröffentlichung 1985)

- letztes Eingehen in die Welt
- Weltreise als Erfassen des Ganzen
- Weite und Nähe gemeinsam erfahren, „Die Erde tanzt um mich"
- Reise der Welt als Reise des Ich

Reisemetaphorik ist hier als Lebensreise gemeint, die Reise durch die Welt findet ihr Ende in der letzten „Wiederkehr ins Nichts". Das lyrische Ich geht in die Welt ein, verglüht mit ihr. Auch ist hier das Leben selbst die Reise, weniger das Motiv für Lern- und Erkenntnisgewinn.

Wolfgang Bächler, Die Seßhaften (1976)

- die kontrollierte Reise- und Bewegungsorganisation der Sesshaften
- Reisen im Sinne von Urlaub, von kurzfristiger vermeintlicher Veränderung
- Traum und Hoffnung von wirklicher Veränderung in fremden Ländern
- Sehnsucht nach Veränderung ohne Absicherung

Das Reisen steht hier für den abgesicherten, zeitlich begrenzten Ausstieg aus der bürgerlichen Gesellschaft. Reisen in fremde Länder als vermeintliche Persönlichkeitsentwicklung. Die Reise, als Urlaubsreise verstanden, täuscht eine Veränderung nur vor. Das widerspricht dem Reisemotiv, wie es im „Taugenichts" und in „Tonio Kröger" verwendet wird.

Wolf Wondratscheck, In den Autos (1976)

- unentschlossen, die Reise hat noch gar nicht begonnen
- sie suchen die Straße, haben noch keinen Weg
- historischer Hintergrund wichtig: die 68er-Generation sucht neue Wege: Terror, Drogen, Familie, Esoterik, politisches Engagement
- Lyrische „wir" hocken in den Autos, wissen nicht wohin, kennen noch nicht den Weg, wissen aber das Ziel, den Süden

Reisemotiv hier als Entscheidungsklärung. Solange über das Ziel noch nicht entschieden ist, kann die Reise nicht losgehen. Nur die Richtung steht fest – der Süden.

4.4.3 Reisen heute

Zum Abschluss dieses Bausteins sollen noch einmal die Reiseerfahrungen der Schülerinnen und Schüler thematisiert werden. Dazu bieten sich folgende Arbeitsaufträge an:

- ❒ *Verfassen Sie einen Bericht über eine fiktive Reise, die Sie selbst gerne einmal erleben möchten. Behalten Sie die literarischen Vorlagen im Auge und erzählen Sie von wichtigen Ereignissen, Landschaften und Personen, die Sie auf der Reise treffen möchten.*
- ❒ *Erstellen Sie aus Bildern, Texten oder Zeichnungen aus Zeitschriften eine Collage zum Thema „Reisen". Vergleichen Sie sie mit der evtl. erstellten Collage zu den Reiserouten der Protagonisten.*

❐ *Verfassen Sie ein Reisegedicht. Als Hilfestellung könnte dienen, dass Sie im Brainstormingverfahren spontan viele Assoziationen, die Ihnen zum Thema „Reisen" in den Kopf kommen, aufschreiben und diese anschließend als Material für Ihr Gedicht benutzen.*

Notizen

Strukturelle Aspekte einer Novelle und Erzählstrategien

In diesem Baustein sollen die eher formalen Kriterien bei der Besprechung epischer Texte im Mittelpunkt stehen. Zunächst sollen die Gattungsmerkmale der Novelle erarbeitet werden, anschließend steht die Erzählhaltung im Mittelpunkt der Analyse.

5.1 ❐ Zur Definition der Novelle

❐ *Lesen Sie den Text zum Begriff der Novelle auf S. 132 bis S. 134 in Ihrer Textausgabe. Erarbeiten Sie stichwortartig die wichtigsten Merkmale einer Novelle. Begründen Sie anschließend, inwieweit die hier angesprochenen Merkmale auf den „Taugenichts“ bzw. auf „Tonio Kröger“ zutreffen.*

Die Ergebnisse dieser Arbeit lassen sich in folgendem Tafelbild zusammenfassen:

Die wichtigsten Merkmale einer Novelle

1. Neuigkeit (ital.)
2. sich ereignete, „unerhörte Begebenheit“ (Goethe)
3. Schicksal eines Menschen in einer inneren oder äußeren Krise, die eine plötzliche Wende nimmt
4. Handlung bezieht sich oft auf einen Gegenstand
5. Handlung verläuft knapp und straff auf den Höhe- oder Wendepunkt zu

Es treffen nicht alle Kriterien auf beide Novellen zu. Das erste Merkmal, die erzählte Neuigkeit ist so allgemein, dass sie sich immer wieder finden lässt. Die „unerhörte Begebenheit“ ist schon etwas schwieriger zu benennen. Im „Taugenichts“ ist es sicherlich die Aufforderung des Vaters, das Haus zu verlassen, auch wenn der Taugenichts das gar nicht so „unerhört“ findet, es leitet eine Wende in seinem Leben ein, bringt ihn in Bewegung, lässt ihn einen inneren und äußeren Prozess durchleben, der dann – wenn vielleicht nicht straff und knapp, so doch auf jeden Fall geradlinig und direkt – auf den Höhe- und Wendepunkt seines Lebens hinsteuert: seine Vermählung. Der Gegenstand, an dem sehr viel aus seiner Entwicklung abzulesen und nachzuvollziehen ist, könnte in diesem Fall die Geige sein.
Bei Thomas Manns „Tonio Kröger“ steht die innere Krise deutlich im Vordergrund. Die Suche nach der eigenen Identität, die Frage nach der eigenen Position in der Gesellschaft treibt Tonio an. Die Handlung wird knapp und straff auf den Höhepunkt hin erzählt. Die kurze Vorgeschichte, das ausführliche Gespräch mit Lisaweta Iwanowna und dann die herbeigeführte Klärung zeigen eine sehr stringente Erzählweise.

5.2 ❒ Zur Funktion der Novelle

Nachdem erarbeitet wurde, was eine Novelle ausmacht, soll nun die Frage nach der Funktion der Novelle im Mittelpunkt stehen.

❒ *Arbeiten Sie aus dem Text in der „Taugenichts"-Ausgabe, S. 134–135 (Theodor Mundt, Novelle, Biedermeier und Vormärz) den dort beschriebenen Unterschied zwischen dem Drama und der Novelle heraus. Begründen Sie anschließend, ob diese Charakteristik der Novelle auf den „Taugenichts" oder „Tonio Kröger" zutrifft.*

Die Ergebnisse sind als Tafelbild folgendermaßen darzustellen:

Novelle	**Drama**
– biegsam, unbegrenzt, keck – nistet sich in den Stuben und Familien ein – kann etwas unterschieben, beeinflussen – politisch einsetzbar (Ährenfeld für politische Allegorie) – privat und vor der Polizei sicher – setzt „Floh ins Ohr", wo sich der lesende Bürger in Sicherheit wiegt	– Gipfel künstlerischer Organisation – feierlich, gemessen, tatenmutig, unmittelbar – Deutsche scheuen Öffentlichkeit, sind durch Dramen weniger erreichbar – wird als öffentliche Darstellung polizeilich überwacht

Da es in dem Text um die Novelle als „zeitgemäße ‚poetische Kunstform' in Zeiten von Zensur" geht, treffen die herauszuarbeitenden Punkte in erster Linie auf den „Taugenichts" zu. Die Schüler werden keine Schwierigkeiten haben, die einzelnen Kriterien auf den Text zu übertragen. Die „leichte", „kecke" Kritik am Philistertum, die im Text enthaltene Liebeserklärung an die Freiheit, die Spontaneität und an den Nationalgedanken machen die Novelle bei aller Leichtigkeit und Sorglosigkeit zu einer politischen Standortbestimmung, die sich als „Floh im Ohr" des Philisters festsetzen kann. Die Abenteuerlust und die Sorglosigkeit des Taugenichts können ansteckend sein, vor allem, wenn beides in Einklang mit dem Vertrauen auf Gott geschieht.

In Thomas Manns Novelle ist dieser Zusammenhang nicht so leicht erkennbar. Hier ist die im Text enthaltene Auseinandersetzung zwischen Bürger- und Künstlertum sowohl von der Thematik wie auch von den historischen Zusammenhängen her weniger von einer möglichen Zensur bedroht. Doch auch hier geht es darum, dem „Bürger" etwas „unterzujubeln", was er sonst nicht annehmen würde. Der „Floh im Ohr" des Bürgers ist hier der Künstler, der die bürgerliche Welt und ihre Werte und Normen in Frage stellt.

5.3 ❒ Erzählstrategien

Bevor über verschiedene Erzählstrategien gesprochen werden kann, ist es wichtig, noch einmal den Unterschied zwischen Autor/Autorin und Erzähler/Erzählerin zu thematisieren. Anschließend sollen anhand von Arbeitsblatt 9 (S. 58) die wichtigsten Begriffe zum Thema Erzählstrategien geklärt werden.

Die Erarbeitung der jeweiligen Erzählsituation soll anhand des Arbeitsblattes 10 (S. 59) durchgeführt werden. Die Ich-Erzählsituation im Taugenichts ist klar erkennbar, bei Tonio Kröger fällt die Bestimmung etwas komplizierter aus. Die auktoriale Erzählhaltung wird an einigen Stellen von personaler Erzählhaltung abgelöst. Durch lange innere Monologe Tonios in direkter oder erlebter Rede erhält die auktoriale Erzählhaltung Brüche, die den Schülerinnen und Schülern nahe legen, eine Identität von Erzähler und Protagonist festzustellen. (Vgl. S. 22: „Er blickte in sich hinein, wo so viel Gram und Sehnsucht war. Warum, warum war er hier? [...]"; S. 67 f.: „Hatte ich euch vergessen?, fragte er. Nein, niemals! Nicht dich, Hans, noch dich, blonde Inge! Ihr wart es ja, für die ich arbeitete, [...]")

Die Ergebnisse der Gruppenarbeit sollen zeigen, dass Joseph von Eichendorff die Ich-Erzählsituation gewählt hat, um seinen Protagonisten direkt und ganz ungebrochen Teil des Geschehens werden zu lassen. Der Taugenichts, obwohl namenlos, ist persönlich anwesend. Das passt zum individuellen Freiheitsaufruf der Novelle. Gegen die guten Ratschläge der Philister, manchmal gegen die Vernunft, vertraut der Taugenichts auf Gott und die Menschen und findet sein Glück. Beim Taugenichts ist für Zweifel, für Distanz, für Brüche kein Platz. Die veränderte Form in der personalen Erzählsituation führt zu einer distanzierteren, weniger enthusiastischen Einschätzung des Taugenichts. Seine Begeisterung wird nur noch berichtet, sie drückt sich nicht mehr in sich selbst aus. Das nimmt der romantisierenden Beschreibung des Taugenichts Authentizität, er verliert an Glaubwürdigkeit.

Bei Tonio finden wir die distanziertere auktoriale Erzählhaltung, kombiniert mit an sich zweifelnder, selbstkritischer personaler Erzählweise. Zweifel, Unsicherheiten, Zögern, das sind prägende Elemente der Literatur der Jahrhundertwende. Der auktoriale Erzähler greift diese Distanz auf, schafft den gewollten Abstand zum Geschehen. Die Änderung zur Ich-Erzählweise zeigt plötzlich eine intensive Nähe zu Tonio, die eine starke Identifikation vermittelt. Mit all seiner Unsicherheit und all seinen Zweifeln passt zu Tonio eher die Distanz und nicht die Vereinnahmung.

Notizen

Grundbegriffe der Erzähltechnik

Einem Autor/einer Autorin steht eine Vielfalt von Möglichkeiten zur Verfügung, wie er/sie mit seinem/ihrem epischen Text verfährt. Wie er den Text erzählen lässt, wer ihn erzählt oder wie er die Zeit vergehen lässt, das alles steht dem Autor/der Autorin frei. Im Folgenden sind einige der wichtigsten Begriffe, die in diesem Zusammenhang eine Rolle spielen, aufgeführt.

Erzählsituation / Erzählhaltung

auktoriale Erzählsituation	Der Erzähler ist allwissend; er greift ein, ordnet, kommentiert, bewertet das Geschehen oder die Personen, er kann zurückblicken, vorgreifen, zusammenfassen. Er nimmt zum Geschehen Stellung.
personale Erzählsituation	Der Erzähler gibt das Geschehen aus der Perspektive einer am Geschehen beteiligten Person wieder, er vermittelt dem Leser nur das, was diese Person denkt, fühlt, erlebt. Geschrieben in „er"- oder „sie"-Form.
Ich-Erzählsituation	Der Erzähler ist Teil des Geschehens und gibt dieses in der Ich-Form wieder.
neutrale Erzählweise	Der Erzähler ist nicht identifizierbar, er enthält sich jeder Art von Kommentar dem Geschehen gegenüber, erzählt werden nur die Tatsachen auf möglichst „objektive" Art.

Erzählweisen

berichtendes Erzählen	Der Erzähler berichtet aus einer Beobachterposition das Geschehen. Das kann er sachlich, spannend, ironisch oder distanziert machen, er bleibt aber in der Position des Berichtenden.
szenisches Erzählen	Im Mittelpunkt der Darstellung stehen Dialoge der am Geschehen beteiligten Personen, der Erzähler tritt in den Hintergrund
innerer Monolog	Gedanken und Gefühle einer Person werden in der 1. Person Singular in einer Art Selbstgespräch wiedergegeben.
erlebte Rede	Gedanken und Gefühle werden in der 3. Person Singular wiedergegeben („Was sollte er jetzt tun? Wenn er abreisen würde, käme er in Schwierigkeiten. Wenn er ...")

Zeitgestaltung

Erzählzeit	Die Zeit, die für das Erzählen benötigt wird, also auch die Zeit, die der Leser braucht, um den Text zu lesen.
erzählte Zeit	Die Zeit, über die erzählt wird, Zeitraum, den die Erzählung umfasst.
Zeitraffung	Längere Zeiträume werden zusammengefasst, die erzählte Zeit ist also viel länger als die Erzählzeit.
Zeitdehnung	Das Geschehen ist in der Erzählung länger dargestellt, als es in der Realität abläuft. Die Erzählzeit ist also länger als die erzählte Zeit (meist durch ausführliches Beschreiben von Gedanken, Umfeld oder Parallelhandlungen).
Zeitdeckung	Erzählzeit und erzählte Zeit stimmen überein. Das ist z.B. beim szenischen Erzählen der Fall.

Erzählsituationen

❒ *Lesen Sie die Definitionen zu den unterschiedlichen Erzählsituationen durch und entscheiden Sie, welche Erzählsituation im Fall von „Aus dem Leben eines Taugenichts" bzw. „Tonio Kröger" vorliegt. Stellen Sie Vermutungen darüber an, warum der Autor für seine Novelle gerade diese Erzählsituation gewählt hat.*

❒ *Lesen Sie anschließend die angegebenen Textstellen durch. (Aus dem Leben eines Taugenichts – S. 5, Z. 22 bis 36 / Tonio Kröger – S. 9, letzter Abschnitt bis Ende des Abschnittes auf S. 10) Lesen Sie danach die hier abgedruckten „Änderungen".*

❒ *Diskutieren Sie in Gruppen die Unterschiede der jeweiligen Textfassung. Bereiten Sie Ihre Ergebnisse so auf, dass Sie sie vor dem Plenum präsentieren können (Folienvortrag).*

„Aus dem Leben eines Taugenichts" (veränderte Fassung):

… Er ging also in das Haus hinein und holte seine Geige, die er recht artig spielte, von der Wand, sein Vater gab ihm noch einige Groschen Geld mit auf den Weg, und so schlenderte er durch das lange Dorf hinaus. Er hatte recht seine heimliche Freude, als er da alle seine alten Bekannten und Kameraden rechts und links, wie gestern und vorgestern und immerdar, zur Arbeit hinausziehen, graben und pflügen sah, während er so in die freie Welt hinausstrich. Er rief den armen Leuten nach allen Seiten recht stolz und zufrieden Adjes zu, aber es kümmerte sich eben keiner darum. Ihm war es wie ein ewiger Sonntag im Gemüte. Und als er endlich ins freie Feld hinauskam, da nahm er seine liebe Geige vor und spielte und sang, auf der Landstraße fortgehend …

„Tonio Kröger" (veränderte Fassung):

Die Sache war die, dass ich Hans Hansen liebte und schon vieles um ihn gelitten hatte. Wer am meisten liebt, ist der Unterlegene und muss leiden – diese schlichte und harte Lehre hatte meine vierzehnjährige Seele bereits vom Leben entgegengenommen; und ich war so geartet, dass ich solche Erfahrungen wohl vermerkte, sie gleichsam innerlich aufschrieb und gewissermaßen meine Freude daran hatte, ohne mich freilich für meine Person danach zu richten und praktischen Nutzen daraus zu ziehen. Auch war es so mit mir bestellt, dass ich solche Lehren weit wichtiger und interessanter achtete als die Kenntnisse, die man mir in der Schule aufnötigte, ja dass ich mich während der Unterrichtsstunden in den gotischen Klassengewölben meistens damit abgab, solche Einsichten bis auf den Grund zu empfinden und völlig auszudenken. Und diese Beschäftigung bereitete mir eine ganz ähnliche Genugtuung, wie wenn ich mit meiner Geige (denn ich spielte die Geige) in meinem Zimmer umherging und die Töne, so weich, wie ich sie nur hervorzubringen vermochte, in das Plätschern des Springstrahles hinein erklingen ließ, der drunten im Garten unter den Zweigen des alten Walnussbaumes tänzelnd emporstieg …

Baustein 6 Die Bedeutung der Kunst und der literaturhistorische Hintergrund

Neben dem Reisemotiv ist die Besprechung der Thematik „Kunst und Künstler" für die Analyse der Novellen von zentraler Bedeutung. Bei „Tonio Kröger" bedarf das keiner weiteren Begründung, steht doch das Thema Kunst und Künstler inhaltlich im Zentrum. Bei „Aus dem Leben eines Taugenichts" erschließt sich die Thematik erst durch die Analyse, explizit angesprochen wird die Künstlerthematik in der Novelle nicht. Dies erklärt sich unter anderem auch aus dem unterschiedlichen literaturhistorischen Hintergrund beider Novellen. Daher werden in diesem Baustein diese beiden Analyseaspekte verknüpft.

6.1 ❒ Tonio und Taugenichts als Künstler

Sowohl für den Taugenichts als auch für Tonio Kröger sind die Kunst und das Selbstverständnis als Künstler von zentraler Bedeutung. Für Tonio Kröger muss das nicht sonderlich erklärt werden, stehen doch der Zwiespalt und die Zerrissenheit Tonios zwischen Bürger- und Künstlertum im Zentrum der gesamten Novelle. Beim Taugenichts wird der Bereich „Künstler und Gesellschaft" eher implizit thematisiert. Ganz nach dem Kunstbegriff der Romantik lebt der Taugenichts seine Kunst, ohne den inneren Kampf zweier Lebenskonzepte. Die Kunst soll sich im Lebendigen spiegeln und zur Bereicherung des gesellschaftlichen Lebens werden. In den beiden Novellen stehen sich zwei unterschiedliche Auffassungen von Kunst und Künstler gegenüber, die repräsentativ für ihre jeweilige Zeit sind. Der Künstler als Außenseiter und kritischer Beobachter der Gesellschaft bei Thomas Mann und der Künstler als Freuden- und Musenspender zur Vervollkommnung des gesellschaftlichen Lebens bei Eichendorff.

Da die Thematik dem Lebensgefühl der Schülerinnen und Schüler zunächst eher fremd sein dürfte, bietet sich als Einstieg in diesen Baustein die assoziative Methode an, die durch den Frageimpuls

❒ *Was verbinden Sie mit dem Begriff Künstler?*

in einem Brainstormingverfahren die spontanen Einfälle und Hinweise der Schülerinnen und Schüler an der Tafel oder auf einem Plakat festhält. Aus den gesammelten Assoziationen sollen die Schülerinnen und Schüler erste repräsentative Aspekte für den jeweiligen Protagonisten herausarbeiten und eine erste These zu dessen Auffassung von Künstlertum formulieren. Mögliche Thesen können auf Folie oder an der Tafel festgehalten werden.

❒ *Werten Sie gemeinsam die Assoziationen aus. Welche sind für Sie zentral, welche verzichtbar? Formulieren Sie anhand der zentralen Begriffe eine erste These, in der Sie die Bedeutung der Kunst für Ihren Protagonisten zusammenfassen.*

Auf die Frage nach den Assoziationen könnten möglicherweise folgende Wörter festgehalten werden: Individualisten, Selbstverwirklichung, Begabung, Talent, kreativ, Musiker, Maler, berühmt, verrückt, leichtes Leben, Artist, zwanghaft, Hobby, Einzelgänger, u. Ä.

Die ersten Thesen könnten wie folgt als Tafelbild festgehalten werden:

Was bedeutet den beiden Protagonisten die Kunst?

Taugenichts
- ist gar kein Künstler, spielt die Geige nur zum Spaß
- Kunst heißt erfolgreiches, glückliches, spaßvolles Leben
- Kunst ist „kein Thema", er ist Lebenskünstler

Tonio
- sieht die Kunst als Fluch
- will sich in der Kunst selbst verwirklichen
- er lebt von und mit der Kunst
- Kunst ist die Chance zu überleben

6.2 ❒ Die Bedeutung der Kunst für den Taugenichts und Tonio

Erst jetzt wird die eigentliche Textarbeit aufgenommen. Mit Bezug auf die folgenden Textstellen erhalten die Schüler und Schülerinnen die angeführten Arbeitsaufträge:

Taugenichts: S. 32, Z. 11 – S. 33, Z. 30; S. 75, Z. 20 – S. 76, Z. 35

Tonio Kröger: Kapitel 4, S. 31 „Man arbeitet schlecht im Frühling" ... bis S. 33, Ende Kapitel 4

❒ *Arbeiten Sie anhand der angegebenen Textstellen heraus, welche Bedeutung die Kunst für den Protagonisten hat.*

❒ *Gehen Sie anschließend wieder in die Gruppe, in der Sie die erste These zur Bedeutung der Kunst entwickelt haben. Vergleichen Sie Ihre Analyseergebnisse und setzen Sie sie zu Ihrer These in Bezug. Lässt sich die These halten oder müssen Sie sie verändern? Bereiten Sie sich auf die Präsentation Ihrer Ergebnisse mit Folienvortrag vor.*

Beim „Taugenichts" wird in der ersten Textstelle deutlich, dass das Geigenspiel ihn mit der Gemeinschaft verbindet. Die Geige ist dabei für ihn Mittel der Kontaktaufnahme.
Es wird dunkel, der Taugenichts ist allein im Wald, selbst die Vögel scheinen ihn zu verlassen und ihm wird angst (vgl. S. 32, Z. 11–15). Er kommt ins Dorf. „Ich besann mich nicht lange, zog meine Geige aus der Tasche und spielte schnell einen lustigen Ländler auf, [...]" Die Geige hilft ihm, den fremden Menschen näher zu kommen, er überwindet seine Angst, indem er sich und anderen mit der Kunst Freude bereitet und Teil der Gesellschaft wird. Beliebt bei Alt und Jung findet er das Angebot einer Bezahlung für seine Kunst beleidigend und lehnt ab (vgl. S. 33, Z. 18/19). Er nimmt aber gerne den angebotenen Schluck Wein, der ihn zum Teil der bäuerlichen Gesellschaft macht, das Geld hätte ihn von dieser getrennt. Die Kunst verbindet den Taugenichts mit den Menschen, er übt sie aus, weil sie ihm Spaß macht und weil er den Menschen damit Freude macht, auch wenn er am Ende wieder alleine dasteht und es ablehnt, ein bürgerliches Leben einzugehen.

Dies bestätigt sich auch in der zweiten Textstelle. Auch hier dient die Kunst der Gemeinschaft. Mit seinem Geigenspiel löst er den „Rumor“, die Streitigkeiten der Ausflugsgesellschaft in Tanz auf und wird selbst tanzender Teil dieser Gemeinschaft. Doch da er über seine „Kunststückchen“ seine eigentliche Aufgabe vergisst, bezeichnet ihn die Kammerjungfer als Narr und weist ihn auf seine Verpflichtungen hin.
Bei Tonio Kröger kommt eine diametral entgegengesetzte Beziehung von Kunst und Gemeinschaft zum Ausdruck. Kunst trennt den Künstler von der Gesellschaft, von den Menschen. Empfindung, Gefühl, also menschliche Alltagserfahrung, lässt sich mit künstlerischem Anspruch nicht vereinbaren. Kunst hat für Tonio etwas „Außermenschliches und Unmenschliches“ (S. 31). Kunst ist für ihn der Ausdruck einer menschlichen Verarmung und Verödung (S. 32), er nennt sie einen Fluch (S. 33), dem man sich nicht entziehen kann. Die Kunst trennt den Künstler von der Gesellschaft, lässt ihn leiden und zerstört ihn (S. 33). Der Künstler ist machtlos diesem ausgrenzenden Prozess ausgeliefert, und lässt er das „Menschliche“ in sich zu, bedeutet dies das Aus für ihn (S. 32). Die Ergebnisse dieser Phase könnten in folgendem Tafelbild festgehalten werden:

Die Bedeutung der Kunst

im „Taugenichts“	in „Tonio Kröger“
– verbindet mit der Gesellschaft	– trennt von der Gesellschaft
– lässt Kontakt aufnehmen	– Gefühl schließt sich aus
– hilft, Angst zu überwinden	– Ausdruck menschlicher Verödung
– verbindet ihn mit den Mitmenschen	– erscheint als Fluch
– schlichtet Streit	– lässt „Außermenschliches“ erleben
– verbreitet gute Laune	– lässt leiden und zerstört
⇒ Kunst integriert und verbindet	⇒ Kunst baut Distanz auf und trennt

Im Anschluss an die gezielte Textanalyse erhalten die Schülerinnen und Schüler den Arbeitsauftrag, weitere Textstellen zum Thema „Die Bedeutung der Kunst“ herauszusuchen und mit den bisher gewonnenen Ergebnissen in Beziehung zu setzen.
In der folgenden Unterrichtsphase erhalten die Schüler und Schülerinnen mittels Folie folgenden Arbeitsauftrag, den sie in Gruppenarbeit ausführen sollen (bei Parallellektüre in paritätisch gemischten Gruppen).

❒ *Welche Bedeutung hat die Kunst für die Entwicklung des Protagonisten? Gehen Sie bei der Beantwortung der Frage auf folgende Aspekte ein:*

Die Bedeutung im Hinblick auf sein Verhältnis
- *zu sich selbst*
- *zu seinen Mitmenschen*
- *zu seinem Leben*
- *zum Ziel seiner Reise*
- *zu seinem Erfahren von Glück*

Halten Sie die wichtigsten Ergebnisse in übersichtlicher Form auf einer Folie fest und präsentieren Sie sie dem Kurs.
(Bei Parallellektüre: Erarbeiten Sie die Unterschiede und präsentieren Sie das Ergebnis in übersichtlicher Form im Folienvortrag – jeweils im Team von zwei Personen)

Folgende Ergebnisse zur Bedeutung der Kunst für die Entwicklung der Protagonisten können festgehalten werden:

Taugenichts:
- schafft heitere Stimmung, gute Laune, schlichtet Streit (S. 31, Z. 20f.; S. 75, Z. 23f.; S. 88, Z. 28f.)
- tröstet (S. 91, Z. 23)
- spielt für andere, bereitet Freude (s. 32f.)
- genießt Anerkennung (S. 34, Z. 9; S. 54/55)
- Reisebegleiter und Freund (S. 5; S. 27, Z. 15)
- frei, spontan, was gerade in den Sinn kommt (S. 32, Z. 27; S. 75, Z. 25)
- benutzt sie, um Teil der Gesellschaft zu werden, mit Menschen in Kontakt zu kommen, das Gefühl der Fremde zu überwinden (S. 32f.; S. 65, Z. 8f., S. 84, Z. 27)
- Kunst und Leben gehören zusammen (S. 33, Z. 19f.)
- Gabe Gottes (S. 31, Z. 21; S. 34, Z. 9/10)

Tonio Kröger:
- gezwungenermaßen, keine Freude (S. 33; S. 71)
- kritisch, Kunst ist eine ernste Angelegenheit (S. 31, S. 39)
- Kunst ist Fluch (S. 33)
- trennt von den Mitmenschen, macht einsam und verarmt (S. 33; S. 71)
- Klärungsprozess, der zur Reise antreibt (S. 26; S. 42; S. 72)
- steht außerhalb der Gesellschaft (S. 33; S. 73)
- Kunst und Leben fallen auseinander (S. 27; S. 32; S. 35)

So unterschiedlich die Auffassungen von Kunst bei Tonio Kröger und dem Taugenichts auch sind, für beide besitzt die Kunst eine sehr große Anziehungskraft. Beide lieben die Musik, spielen Geige und schreiben Gedichte.

❒ *Wählen Sie für Ihren Protagonisten ein oder zwei Situationen ihrer Reise aus und schreiben Sie ein Gedicht im Sinne Ihres Protagonisten, in dem dieser seine Stimmung, seine Gedanken und seine Gefühle zum Ausdruck bringt. Das Gedicht könnte einen der folgenden Titel haben:*
An meine Geige
Meine Musik
Was ich liebe

Nach den Präsentationen könnte ein persönlicher Transfer folgen.

❒ *Wenn Sie sich selbst als Künstler sehen würden, welchem der beiden Künstlertypen käme Ihre Vorstellung am nächsten und warum?*

Als weiterführende Aufgabe könnte eine Rückführung auf die textimmanente Arbeit dienen:

❒ *Arbeiten Sie heraus, wie sich das (jeweilige) Verständnis von Kunst sprachlich im Werk (Kapitel 1) niederschlägt.*

Das Unterrichtsgespräch könnte zu folgenden Ergebnissen führen:

Taugenichts:
- die Einheit Mensch – Natur mit den vielen Naturhinweisen (Bäume, Wald, Vögel, Frühling, Winter)
- Ausdruck von Lebensfreude und eindeutigen Gefühlslagen („Ich hatte recht meine heimliche Freud, [...]" S. 5, Z. 26/27 – „Wer war froher als ich!" S. 6/7 – „Ich wurde über und über rot." S. 13, Z. 20 – „[...] ich warf mich in das Gras und weinte bitterlich." S. 14, Z. 26
- „volkstümliche" Bezeichnungen für den Protagonisten – Taugenichts, lustiger Gesell (S. 6, Z. 26) „charmanter Junge" (S. 8, Z. 11), „Gesindel und Bauernlümmel" (S. 8, Z. 25), „fauler Bengel" (S. 11, Z. 34), Teil des Volkes (vgl. S. 13, Z. 10)

Tonio Kröger:
- Ausdruck von Enge und Gefangenschaft: „milchig und matt", „Nass und zugig war's ...", „strömten die Scharen der Befreiten, ...", (S. 7)
- Anhäufung von Gegensatzbezeichnungen und Zweifel: „Tonio sprach nicht. Er empfand Schmerz." (S. 8); „Im Grunde glaubte er nicht sehr fest an das, [...]" (S. 9); „Andererseits aber empfand er selbst es als ausschweifend [...]" (S. 10); „Tonio liebte seine dunkle und feurige Mutter, [...]. Andererseits aber empfand er [...] (S. 11); „Er liebte ihn zunächst, weil er schön war, dann aber [...]" (S. 11); „Er machte nicht den Versuch, [...]. Aber er begehrte schmerzlich, [...] (S. 12)

6.3 ❒ Kunst in der Zeit der Romantik und Ende des 19. Jahrhunderts

Abgerundet wird der Baustein durch Sekundärtexte zum Themenbereich der Kunstauffassung der jeweiligen Zeit, die zur Bestätigung oder Variierung der Arbeitsergebnisse und zu deren Vertiefung dienen sollen. Auch der literaturhistorische Hintergrund wird damit eingehender thematisiert (Arbeitsblatt 11 und 12, S. 66/67).

Zu Arbeitsblatt 11 lassen sich folgende Ergebnisse als Tafelbild festhalten:

Romantische Kunstauffassung im „Taugenichts"
- alle Künste sind vertreten (Maler, Musiker, Dichter)
- Lied, Gedicht und Erzählung werden verbunden
- Kunst wird vom Taugenichts nicht reflektiert, sie ist natürlicher Teil des Lebens
- Kunst trennt ihn nicht vom Volk, sie verbindet mit ihm
- der Taugenichts bringt die Poesie, die Volkspoesie zum Volk (Geigen- und Tanzeinlagen)

⇒ Romantisierung gesellschaftlicher Verhältnisse

Die im Anhang abgedruckten Zusatztexte zur Epoche der Romantik (Zusatzmaterial 5 und 6, S. 85/86) sollen die Kenntnisse über den literaturhistorischen Hintergrund noch erweitern und vertiefen helfen. Die „märchenhaft heile" Welt in der Poesie und der Widerspruch zu den gesellschaftlichen und politischen Verhältnissen werden hier thematisiert.

Zu Arbeitsblatt 12 lassen sich folgende Ergebnisse als Tafelbild festhalten:

Kunstauffassung Ende des 19. Jahrhunderts und in „Tonio Kröger“

- „Menschen dieses Übergangs“ (Z. 10)
- Tonio Kröger als Mensch und Künstler verunsichert, sucht qualvoll Rolle und Identität
- Ausleben extremer Persönlichkeit (vgl. Z. 47ff.). Tonio löst sich aus traditionaler Gesellschaft, steht außerhalb, lebt sich im Süden aus
- „eine Zeit der ‚Ruhelosigkeit und Reizbedürftigkeit‘, aber auch der Ruhebedürftigkeit und Reizübersättigung, …“ (Z. 68ff.). Charakteristika Tonios, die auch seine innere Zerrissenheit beschreiben.
- Tonios Lebensdrang bei gleichzeitiger Lebensmüdigkeit (vgl. Z. 80ff.)

$\Rightarrow$ Verunsicherung durch gesellschaftliche Umbruchsituation

Die im Anhang abgedruckten Texte zur Literatur der Wende vom 19. zum 20. Jahrhundert (Zusatzmaterial 7 und 8, S. 87/88) sollen auch hier den literaturhistorischen Hintergrund näher erläutern.

Anhand des Zusatztextes „Künstler und Gesellschaft“ kann näher auf das Verhältnis des „modernen“ Künstlers und der Gesellschaft eingegangen werden. Als Analyseaspekte dienen hier die Fragen nach der Beziehung von Künstler und Gesellschaft und danach, ob es sich beim Taugenichts oder bei Tonio Kröger um die hier dargestellte Künstlerpersönlichkeit handelt.

In Zusatzmaterial 3 (S. 80ff.) „Der Taugenichts“ von Thomas Mann äußert sich dieser dezidiert über den Künstler Taugenichts. Ein Auszug aus diesem Text (Zeile 155 „Er ist ein Künstler und ein Genie …“ bis Zeile 175 „… und seine Lebensfreude desselben Geistes“) kann hier sehr gut als zusätzliche Besprechungsgrundlage dienen. Der Gesamttext von Thomas Mann sollte allerdings erst im Anschluss an die Unterrichtsreihe bearbeitet werden.

Notizen

Kunstauffassung in der Romantik

Friedrich Schlegel: **Universalpoesie**

Friedrich von Schlegel 1772–1829

Die romantische Poesie ist eine progressive Universalpoesie. Ihre Bestimmung ist nicht bloß, alle getrennten Gattungen der Poesie wieder zu vereinigen und die Poesie mit der Philosophie und Rhetorik in Berührung zu setzen. Sie will und soll auch Poesie und Prosa, Genialität und Kritik, Kunstpoesie und Naturpoesie bald mischen, bald verschmelzen, die Poesie lebendig und gesellig und das Leben und die Gesellschaft poetisch machen, den Witz poetisieren und die Formen der Kunst mit gediegnem Bildungsstoff jeder Art anfüllen und sättigen und durch die Schwingungen des Humors beseelen. Sie umfasst alles, was nur poetisch ist, vom größten wieder mehrere Systeme in sich enthaltenden Systeme der Kunst bis zu dem Seufzer, dem Kuss, den das dichtende Kind aushaucht in kunstlosen Gesang. Sie kann sich so in das Dargestellte verlieren, dass man glauben möchte, poetische Individuen jeder Art zu charakterisieren sei ihr Ein und Alles; und doch gibt es noch keine Form, die so dazu gemacht wäre, den Geist des Autors vollständig auszudrücken: sodass manche Künstler, die nur auch einen Roman schreiben wollten, von ungefähr sich selbst dargestellt haben. Nur sie kann gleich dem Epos ein Spiegel der ganzen umgebenden Welt, ein Bild des Zeitalters werden. Und doch kann auch sie am meisten zwischen dem Dargestellten und dem Darstellenden, frei von allem realen und idealen Interesse, auf den Flügeln der poetischen Reflexion in der Mitte schweben, diese Reflexion immer wieder potenzieren und wie in einer endlosen Reihe von Spiegeln vervielfachen. Sie ist der höchsten und der allseitigsten Bildung fähig; nicht bloß von innen heraus, sondern auch von außen hinein; indem sie jedem, was ein Ganzes in ihren Produkten sein soll, alle Teile ähnlich organisiert, wodurch ihr die Aussicht auf eine grenzenlos wachsende Klassizität eröffnet wird. Die romantische Poesie ist unter den Künsten, was der Witz der Philosophie, und die Gesellschaft, Umgang, Freundschaft und Liebe im Leben ist. Andre Dichtarten sind fertig und können nun vollständig zergliedert werden. Die romantische Dichtart ist noch im Werden, ja das ist ihr eigentliches Wesen, dass sie ewig nur werden, nie vollendet sein kann. Sie kann durch keine Theorie erschöpft werden, und nur eine divinatorische[1] Kritik dürfte es wagen, ihr Ideal charakterisieren zu wollen. Sie allein ist unendlich, wie sie allein frei ist und das als ihr erstes Gesetz anerkennt, dass die Willkür des Dichters kein Gesetz über sich leide. Die romantische Dichtart ist die einzige, die mehr als Art und gleichsam die Dichtkunst selbst ist: Denn in einem gewissen Sinn ist oder soll alle Poesie romantisch sein.

(v 1798)

---

[1] vorahnend, seherisch

Aus: Otto F. Best, Hans Jürgen Schmitt (Hrsg.): Die deutsche Literatur in Text und Darstellung. Romantik I. Stuttgart: Reclam Verlag, o. J.

❒ *Inwieweit entspricht Eichendorffs Novelle „Aus dem Leben eines Taugenichts“ der von Friedrich Schlegel beschriebenen Universalpoesie?*

Kunstauffassung Ende des 19. Jahrhunderts

Theobald Ziegler: **Die geistigen und sozialen Strömungen des 19. Jahrhunderts**

[...] Jede Zeit ist Übergangszeit. Aber niemals ist es am Ende einer Periode einer Generation so klar gewesen wie den Menschen ums Jahr 1900, dass das nächste Jahrhundert einen anderen, vor allem einen bestimmteren, ausgesprocheneren Charakter tragen werde und tragen müsse als das letzte Jahrzehnt des zu Ende gehenden neunzehnten. Und so lebten sie nicht nur tatsächlich in einer Übergangsperiode, sondern – das ist der tiefere Sinn von „Fin de Siècle“ – sie fühlten sich auch als Menschen dieses Übergangs. Übergangszeit aber ist böse Zeit, vor allem weil in ihr die Gedanken und Gefühle auf allen Punkten zwiespältig geworden sind. Zwiespältig gegenüber von Staat und Politik: Auf der einen Seite eine Anspannung des nationalen Gedankens, der sich oft bis zum Chauvinismus[1] steigert und einengt, und auf der andern Seite ein Wiederaufleben humanitärer und ein Erstarken sozialer Bestrebungen, die vielen in jeder Form als anti- und international verdächtig sind; ein Heroenkultus hier, der da, wo der Heros fehlt, zum Byzantinismus[2] wird, und eine Demokratisierung der Gesellschaft dort, die auch die alten unhistorischen Gedanken von absoluter menschlicher Gleichheit wieder aufleben lässt. Zwiespältig waren und sind wir weiter noch immer gegen Kirche und Religion: Ein neu erwachendes Interesse für religiöse Dinge macht sich spürbar, und daneben immer noch das alte Sichabkehren von allem Kirchentum und Christentum. Zwiespältig in Sitte und Sittlichkeit: Der soziale Geist, der von allen die gleiche Hingabe an das Wohl des Ganzen verlangt, hat mehr und mehr Herzen und Köpfe erobert, und daneben hat die Nietzsche'sche Individualitätslehre, die das schrankenlose Recht des Sichauslebens für die geniale Persönlichkeit in Anspruch nimmt und zu dem Zweck alle sittlichen Werte umwerten möchte, begeisterte Anhänger gefunden; von einer „neuen Ethik“ in mehr als einem Sinn ist vielfach die Rede. Zwiespältig war man auch auf dem Gebiet der Kunst und Poesie: Noch immer wurde das Klassische als Bildungsmittel benützt und verehrt oder doch historisch respektiert, und daneben die Abwendung vom klassischen Ideal als einem innerlich Unwahren und der realistische Werdedrang einer die Wahrheit auf Kosten der Schönheit pflegenden Kunstweise. Und zwiespältig endlich gegen die Grundlagen der Gesellschaft und der sie durchdringenden Kultur überhaupt: Ein Festhalten und Sichanklammern an das Bestehende, als wäre es durchweg ein Vernünftiges und bleibend Wertvolles, und auf der anderen Seite ein Anstürmen gegen dieses Bestehende, als wäre es bereits von allen guten Geistern der Vernunft und der Sittlichkeit verlassen und könnte nicht eilig genug bis zum letzten Baustein abgetragen und in Trümmer geschlagen werden; dem historischen Sinn des Jahrhunderts trat ein revolutionärer Sturm und Drang gegenüber. So hat es rings um uns her gegärt und gebrodelt und uns alle in seine Strudel mit hineingerissen; und festen Boden unter den Füßen hat uns auch das erste Jahrzehnt des neuen Jahrhunderts fast noch nirgends gebracht, wir haben uns nur an diesen allgemeinen Fluss der Dinge gewöhnt, er hat das Peinliche für uns verloren.

So war es eine Welt voll Gegensätze, dieses „Fin de Siècle“, in der alles chaotisch durcheinander quirlte und wogte, Karneval und Aschermittwoch zugleich, kraftvoll aufstrebende Renaissance und pessimistisch müde Dekadence; eine Zeit der „Ruhelosigkeit und Reizbedürftigkeit“, aber auch der Ruhebedürftigkeit und Reizübersättigung, des sich Verlierens an das Zerstreuende der Außenwelt und des sich Sehnens nach Wiedergewinnung eines Innerlichen und Einheitlichen. Und die Menschen dieser Zeit auf der einen Seite voll Überschätzung des Intellektuellen, von des Gedankens Blässe von früher Jugend auf angekränkelt und deshalb in ihrer Nervosität von unausgesprochenen und unaussprechlichen Stimmungen bewegt, und daneben doch praktisch, utilitaristisch, voll Willen und Streben nach Macht; pessimistisch und blasiert, tief innerlich müde auf der einen Seite und auf der andern vom Willen zum Leben, von Lebensdrang und Lebensfreudigkeit emporgerissen und emporgepeitscht, tatkräftig vorwärts, ehrgeizig aufwärtsstrebend; frei von Vorurteilen, ungläubig und kritisch, kühl bis ans Herz hinan, und daneben ergriffen von aller Mystik oder doch anempfinderisch damit spielend, voll Neugier und Interesse für alles Rätselhafte und Geheimnisvolle, für alles Tiefe und Hinterweltliche und die Wissenschaft selbst in den Dienst des Aberglaubens herabziehend oder gar diesen in die Form okkultistischer Wissenschaft kleidend. [...]

(v 1911)

Theobald Ziegler: Die geistigen und sozialen Strömungen des neunzehnten Jahrhunderts (Auszug). Volksausgabe. Berlin: Georg Bondi, 1911.

---

1 Chauvinismus: übersteigerter Vaterlandsstolz
2 Byzantinismus: kriecherische Unterwürfigkeit gegenüber Höherstehenden

❐ *Inwiefern spiegelt Thomas Manns „Tonio Kröger“ die Beschreibungen der geistigen und sozialen Strömungen wider, die Theobald Ziegler für das Ende des 19. Jahrhunderts ausführt?*

Baustein 7 Prozess der Selbstfindung und Rezeption der Novellen

In diesem abschließenden Baustein soll zunächst auf den Schluss der Novellen eingegangen werden. Die Frage ist hier, ob die Protagonisten am Ende ihrer Reise an so etwas wie einem Ziel angelangt sind.
Damit soll die konkrete Textarbeit abgeschlossen werden. Anschließend wird die Rezeption der Novellen thematisiert.

7.1 ❐ Das Ende einer Reise

In beiden Novellen steht der Prozess der Identitätsfindung des jeweiligen Protagonisten im Mittelpunkt. Der Taugenichts, der vom Vater vor die Tür gesetzt wird, muss sich seinen eigenen Platz in der Gesellschaft suchen, muss sich „zurechtfinden“ und tritt eine Reise an, die mit seiner Hochzeit und mit der Gründung der eigenen Familie endet.
Tonio Kröger verlässt seine bürgerliche Herkunft, er verneint sie und begibt sich auf die Suche nach seiner künstlerischen Identität. Was er zuerst noch als Todesurteil wahrnimmt, nämlich seine bürgerliche Wurzel, sieht er am Schluss als wichtige Symbiose: Künstler zu sein und Bürger.

❐ *Lesen Sie den Schluss der jeweiligen Novelle („Taugenichts“: ab S. 104, Z. 39; „Tonio Kröger“: S. 73 ab 2. Absatz).*
Beschreiben Sie ausführlich am Text, in welcher Lebenslage sich der jeweilige Protagonist befindet.

Die Ergebnisse lassen sich in folgendem Tafelbild festhalten:

Die Lebenslage am Ende ihrer Reise

Taugenichts	**Tonio Kröger**
– fällt ein Stein vom Herzen	– steht zwischen zwei Welten
– kleidet sich eleganter	– hat es schwer
– freut sich über „unseren“ Onkel	– ist gekränkt
– Hochzeitsreise nach Italien	– will Besseres machen
– von Ferne Musik	– steht zu seinem Bürgertum
– Leuchtkugeln	– fühlt sich als Erlöser der Bürger
– er ist entzückt	– seine Liebe gehört den Blonden und Blauäugigen
– „und es war alles, alles gut“	– fühlt Sehnsucht, Neid, Verachtung und Seligkeit
⇒ nach Verwirrung Identität und Platz in der Gesellschaft gefunden.	⇒ Zerrissenheit bleibt, wird aber als Teil der Identität akzeptiert. Tonio bleibt außerhalb der Gesellschaft

Das Fazit sollte erst im Anschluss an den nächsten Arbeitsauftrag auf dem Tafelbild ergänzt werden. Die Schüler und Schülerinnen sollen diesen Schritt selbst erarbeiten.

❒ *Gehen Sie von den Informationen des Tafelbildes aus. Hat der jeweilige Protagonist sich selbst und seinen Platz in der Gesellschaft gefunden?*

Als Ergänzung für diese abschließende Auseinandersetzung dient der folgende produktionsorientierte Arbeitsauftrag.

❒ *Schreiben Sie als Taugenichts oder als Tonio einen Brief an Ihren (im Falle Tonios verstorbenen) Vater. Erklären Sie nicht, wie es Ihnen die gesamte Zeit über ergangen ist, schreiben Sie ihm lediglich, wie Sie sich zur Zeit (Ende der Novelle) fühlen.*

Diese beiden Aufgaben können auch fakultativ gestellt werden. Aus beiden sollte erarbeitet werden, dass sich der Taugenichts „eins fühlt". Eins mit seiner Umwelt und mit sich selbst. Er ist Teil eines Ganzen geworden, aufgenommen in den Kreis seiner Lieben, die ihn zuvor in liebevoller Weise verwirrt und genarrt haben. Er hat die väterliche Welt verlassen und ist Teil einer neuen Familie geworden mit seiner „schönen gnädigen Frau" und deren Onkel. Der Taugenichts hat sein Glück gemacht.

Tonio ist immer noch zerrissen, aber er hat diese Zerrissenheit in sich akzeptiert. Er kämpft nicht mehr gegen den Bürger oder den Künstler in sich, er lässt beides zu und gewinnt so die Souveränität, die ihn innerlich reifen lässt. Er beendet den quälenden Prozess der inneren Zerrissenheit, indem er beide Seiten in sich annimmt und wertschätzen lernt. Er wird nicht, wie der Taugenichts, von der Gesellschaft aufgenommen, er nimmt sich selbst an und findet darüber seinen Platz, wenn auch außerhalb der Gesellschaft.

7.2 ❒ Künstler und Identität

Auf das Themenfeld Künstler und Identität geht das Arbeitsblatt 13 (S. 71) losgelöst von beiden Novellen aus kunstsoziologischer Perspektive ein. Hier werden die Schülerinnen und Schüler auch noch einmal mit den Hauptmerkmalen der Kunstauffassung der jeweiligen Epoche konfrontiert. Thurn sieht den Künstler als im hohen Maße Identitätssuchenden, der „stets den Umweg über die Gesellschaft gehen muss". Wie sieht dieser Umweg für Tonio und den Taugenichts aus? Der Taugenichts geht immer wieder auf die Gesellschaft zu, wird Teil einer verwirrenden Verwechslungsgeschichte, ist selbst verwirrt. Am Ende entwirrt sich aber alles wieder und kommt an seinen rechten Ort.

Tonio sieht sich außerhalb der Gesellschaft, setzt sich vom Bürgertum ab, versucht sich von seiner Herkunft zu distanzieren und trotzdem sich selbst zu finden. Am Schluss merkt er, dass er nur dann zu sich selbst kommen kann, wenn er auch seine Herkunft akzeptiert.

Sowohl der Taugenichts als auch Tonio Kröger werden zunächst von der bürgerlichen Gesellschaft abgelehnt, ihnen treten die, wie Thurn es formuliert „latenten Widerstände, die jeder von uns täglich verspürt, aktuell verschärft gegenüber." Beide entziehen sich der Leistungsgesellschaft und werden deswegen bestraft und gescholten. (Tonio als Schulversager und Träumer, der Taugenichts als Faulpelz und Nichtsnutz). Beide treten ihren Weg an, sich mit der Gesellschaft auseinander zu setzen. Der Taugenichts macht sein Glück, hat am Ende Erfolg auch oder gerade im bürgerlichen Sinn. Tonio Kröger erlebt zwar in Auseinandersetzung mit der Gesellschaft einen inneren Reifeprozess, das lässt ihn aber eben nicht Teil dieser bürgerlichen Gesellschaft werden, er arrangiert sich eher mit ihr.

Künstler und Identität

„(Es) scheint, als sei gerade der Künstler in einem außergewöhnlich hohen Maße ein [...] Identitätssuchender; einer, der – auf dem Weg zu sich selbst – doch stets den Umweg über die Gesellschaft gehen muss. Einer, der Partikulares und Universales in sich und in seiner kulturellen Arbeit miteinander in Einklang bringen will; der weiß, dass er das nur zu leisten vermag, indem er beides, Partikulares und hineingenommenes Universales, Ich und Gesellschaft, stets aufs Neue zueinander in Beziehung setzt; und der häufig gerade an der Ablehnung durch die Gesellschaft scheitert, weil diese seine Einladung nicht annehmen mag, da sie doch selbst zu unsicher ist, zu wankend in ihrer Wertschätzung, zu wenig identisch in sich ruhend. Die Welt öffnet ihre Pforten nicht voraussetzungslos demjenigen, der an ihrem Sinn auf welche Weise auch immer mitarbeitet. Dem Künstler indessen treten die latenten Widerstände, die jeder von uns alltäglich verspürt, aktuell verschärft entgegen. In seinem Wirken gewinnen die ökonomischen, sozialen und kulturellen Neuralgien, mit denen nichtrationale Kreativität in der industriellen Leistungsgesellschaft belastet ist, ein besonders prägnantes Profil."

Hans Peter Thurn: Die Suche des Künstlers nach Identität. In: Kunstsoziologie, hrsg. v. Rainer Wick und Astrid Wick-Kmoch. Köln: DuMont-Verlag 1979, S. 146

❒ *Beschreiben Sie das von Thurn angeführte Dilemma, in dem der Künstler bei der Bildung seiner Identität steckt, und untersuchen Sie anschließend, inwiefern die hier angeführten Thesen auf den Taugenichts bzw. Tonio Kröger zutreffen.*

Der romantische Ganzheitsbegriff von Leben, Kunst und Gesellschaft und die Zerrissenheit und das Leiden des Künstlers an der Gesellschaft zum Ende des 19. Jahrhunderts spiegeln sich an dieser Stelle deutlich in beiden Novellen wider. Zusatzmaterial 9 „Künstler und Gesellschaft“ (S. 89) kann auch an dieser Stelle eingesetzt werden, es erweitert die hier angesprochene Thematik noch um einen historischen Aspekt, wie sich nämlich das Verhältnis von Künstler und Gesellschaft im Laufe der Epochen verändert hat.

7.3 ❒ Rezeption der Novellen

Jeweils zwei Rezensionen für jede Novelle dienen als Arbeitsgrundlage. Eine aus dem literaturhistorischen Umfeld der jeweiligen Novelle und eine, die aus einer größeren historischen Distanz an den Text herantritt. Für den „Taugenichts“ verweisen wir hier auf die folgenden Texte in der Textausgabe:

Willibald Alexis: „Ein ewiges Sonntagsleben“ (1826), Schöningh-Textausgabe S. 125/126

Petra Kipphoff, „Joseph von Eichendorff – Aus dem Leben eines Taugenichts“ (1979), Schöningh-Textausgabe S. 129–132

Für „Tonio Kröger“ sind im Folgenden zwei Texte abgedruckt. Der erste aus dem Jahre 1903 von Otto Grauthoff, der zweite von Marcel Reich-Ranicki aus dem Jahre 1987.

Als Zusatztext ist die sehr ausführliche Auseinandersetzung Thomas Manns mit Eichendorffs Novelle „Aus dem Leben eines Taugenichts“ abgedruckt (s. Zusatzmaterial 3, S. 80ff.). Dieser Text eignet sich hervorragend als Besprechungsgrundlage für ein Abschlussgespräch der Unterrichtsreihe. Anhand dieses Textes können die Schüler und Schülerinnen über beide Novellen, die Sichtweise Thomas Manns und die eigenen Leseerfahrungen zusammenfassend urteilen.

Die Aufgabenstellung für die Bearbeitung der Rezensionen lautet wie folgt:

❒ *Fassen Sie die wichtigsten Aussagen der jeweiligen Rezension zusammen. Hat sich die Bewertung der Novelle im zeitlichen Abstand verändert?*

In der Kritik „Ein ewiges Sonntagsleben“ aus dem Jahre 1826 lobt Willibald Alexis die Nähe des „Schlaraffenlandlebens“, das die Lektüre entwirft, zu dem Leseerlebnis des Rezipienten. Das Lesen, den Taugenichts und den Autor rückt Alexis sehr eng zueinander und unterstreicht, dass diese die Erfahrung des Glücks und der Unbeschwertheit teilen. Dem „Vorwurf des Unwahrscheinlichen“ begegnet Alexis mit dem Hinweis auf die „innere Wahrheit“ des Textes, die in der Lebensfreude und dem Lebensgenuss liegt, und in der Erkenntnis, dass jeder das Leben findet, das er sucht.
Für Petra Kipphoff steht in ihrem 1975 erschienenen Text zum „Taugenichts“ die Darstellung der Natur im Mittelpunkt. Kipphoff sieht nicht wie Alexis die enge Verbindung von Autor, Protagonist und Leser, sie zieht klare Trennungslinien (S. 130, Z. 8–17). Für sie besticht der Text vor allem durch seine Symbolik in der Naturdarstellung. Ohne wirkliche Charaktere, ohne Individuen, ohne genaue Einzeldarstellungen entwickelt der Text eine Gesamtdarstellung der Natur, die eine magische Anziehungskraft (S. 131, Z. 6) hat, eine soghafte Wirkung, die in der Ferne geheimnisvolle Freiheit verspricht.

Die Ergebnisse können in folgendem Tafelbild festgehalten werden:

Rezensionen zum „Taugenichts“

Alexis

- Nähe von Autor, Protagonist, Leser
- innere Wahrheit
- nicht trüb- oder tiefsinnig
- leicht, aber nicht oberflächlich

⇒ jeder findet das Leben, das er sucht

Kipphoff

- Distanz von Autor und Protagonist
- Darstellung der Natur
- konturlos, aber auf besondere Art „magisch“ anziehend

⇒ die „unschuldige, unbewusst lebende Kreatur“ findet ihr Glück

Otto Grauthoff lobt in seiner 1903 erschienen Rezension des „Tonio Kröger“ (Arbeitsblatt 14, S. 73) vor allem, dass Thomas Mann der Gefahr der peinlichen Selbstdarstellung begegnet ist. In kühler, sachlicher Form hält Thomas Mann Gericht, beschränkt sich auf Tatsachen der äußeren und inneren Erlebnisse, offenbart tiefste Geheimnisse und Abgründe der Seele und unterliegt in keinster Weise „billiger Sentimentalität“. Die Flucht in die Kunst ist für Tonio (und für alle Künstler) Trost und stillt die Sehnsucht nach erfülltem Leben.
Marcel Reich-Ranicki sieht vor allem in der Form des Textes Unvollkommenheiten. Die Kühle des Textes, die Distanz, die Emotionslosigkeit (was Grauthoff so schätzt), all das sieht Reich-Ranicki gerade nicht als die Stärke von „Tonio Kröger“, der Autor verstößt nach ihm eklatant gegen die Programmatik seines Protagonisten, und das ist es, was Reich-Ranicki an „Tonio Kröger“ so lobt. „Das Fehlen der Distanz“ in der Beschreibung des die Distanz propagierenden Tonio, dieser Widerspruch macht nach Reich-Ranicki die Qualität des Textes aus.

Die Ergebnisse könnten in folgendem Tafelbild festgehalten werden:

Rezensionen zu „Tonio Kröger“

Grauthoff

- nicht pathetisch, peinlich oder sentimental
- Reduktion auf Tatsachenebene
- kalte und „eisige“ Art des Selbstgerichtes
- tiefe Geheimnisse und Abgründe der Seele

⇒ gelungene Art der Selbsterkenntnis

Reich-Ranicki

- pathetisch und sentimental
- Unzulänglichkeiten der Form
- Autor interpretiert für den Leser
- Antithesen stehen im Mittelpunkt

⇒ Qualität der Novelle liegt im Widerspruch von Inhalt und Gestaltung

Otto Grauthoff: Rezension zu Thomas Manns „Tonio Kröger“

Thomas Mann. Die Gegenwart 1903[1]

Der Name „Thomas Mann“ hat heute im deutschen Vaterlande schon einen guten Klang, und es ist daher nicht von Nöthen, diesen Aufsatz zu rechtfertigen [...]

Nun hat Thomas Mann vor Kurzem ein neues Buch veröffentlicht, das uns vor Allem ihn selbst ein wenig näher rückt. Dieses neue Buch enthält sechs Novellen, die alle mehr oder weniger den gefährlichen Scharfsinn eines Menschen hervorkehren, dem nicht die Gabe ward, zum Leben fröhlich und tapfer „Ja“ zu sagen, dessen Kräfte zu schwach sind, um sich das Leben zu erobern, der sich darum als Unterdrückter fühlt, der ausgeschlossen ist von allen bürgerlichen Freuden. Solch ein Mensch flüchtet in die Literatur; die Kunst ist ihm die einzige trostreiche Zuflucht, mag die Sehnsucht ihn siebenmal siebzig Mal zum Leben zu verleiten suchen.

Einen Jüngling dieser Art schildert uns Thomas Mann in seiner Novelle: Tonio Kröger.

Selbstbekenntnisse sind das Beste, das Tiefste, was ein Dichter uns geben kann; aber wir gehen doch immer mit heftigem Mißtrauen an die Lectüre einer Dichtung, die uns eines Dichters eigenes Selbst zu enthüllen verspricht. Wir Alle kennen unsere Eitelkeiten, wir Alle kennen die geschwätzig-pathetische Art der falschen Aufrichtigen, von denen die Einen mit Edelmuth brilliren wollen, die Anderen in ihren Lastern lüstern wühlen. Ich will an Rousseau erinnern, der den Fluch der Lächerlichkeit auf sich geladen hat; seine Selbstbekenntnisse sind eine Kette von peinlichen Selbstbetrügereien.

Thomas Mann hat seine Novelle „Tonio Kröger“ nicht mit pathetischer Emphase „Selbstbekenntnisse“ überschrieben; er ist kein Moralist und hat nicht das Bedürfniß, sich vor der Welt interessant und liebenswerth zu machen. „Dichten, das ist Gerichtstag über sich selbst halten,“ setzte er als Motto über dieses Buch. Ibsen, der Dichter der Kronprätendenten, wies ihm den Weg. Die tiefgründige, unerbittliche Leidenspsychologie Friedrich Nietzsche's hat er durchkostet, und er thut nichts weiter, als daß er sagt, was ist, daß er das klug, gerade, offen und klar sagt! Nicht die Wirkung ist es, auf die es ihm ankommt; er kennt nur die Pflicht, Thatsachen zu registrieren, Thatsachen der äußerlichen und geistigen Erlebnisse. Weil er die Ursachen der Dinge aufzuspüren sucht, wirken seine Werke wie Ausstrahlungen einer tiefernsten, schwer am Leben leidenden, ewig zwischen Leben und Kunst taumelnden Natur, die immer über den tiefsten Geheimnissen, den jähesten Abgründen schwebt. Darum erscheinen uns seine Werke auch oft so kalt, so eisig kalt. Und doch vermögen die feinsten Ohren ein Schluchzen zwischen den Zeilen zu hören, ein Aufstöhnen. Diese Art aber dürfen wir höher einschätzen als allzu billige Sentimentalität. [...]

In: Thomas Mann im Urteil seiner Zeit. Dokumente 1891–1955. Herausgegeben mit einem Nachwort und Erläuterungen von Klaus Schröter. 2., unveränderte Auflage 2000. Thomas Mann Studien Bd. 22. Vittorio Klostermann Verlag, Frankfurt am Main

❒ *Fassen Sie die wichtigsten Aussagen der Rezension zusammen. Vergleichen Sie sie anschließend mit den Aussagen des Textes auf Arbeitsblatt 15. Hat sich die Bewertung der Novelle mit zeitlichem Abstand verändert?*

[1] Aus lizenzrechtlichen Gründen unverändert bzw. nicht in reformierter Schreibung

Marcel Reich-Ranicki
Eine Jahrhunderterzählung: „Tonio Kröger“

„‚Tonio Kröger‘ ist die schlechteste Erzählung, die in diesem Jahrhundert in deutscher Sprache geschrieben wurde.“ Martin Walser war es, der dies 1975 in einer Fernseh-Diskussion verkündete. So wörtlich hatte er das natürlich nicht gemeint; und als ich ihn daran erinnerte, dass er doch diese Erzählung, laut eigener Aussage, einst auswendig gelernt habe, geriet er ein wenig in Verlegenheit und murmelte: „Nun ja, zu Studienzwecken.“ [...]

Nun lässt es sich nicht bestreiten, dass wir es tatsächlich mit einem unvollkommenen, ja mit einem entschieden unzulänglichen schriftstellerischen Produkt zu tun haben. Zuerst bezeichnet Thomas Mann sein Opus als eine „Novelle“, später als eine „lyrische Novelle“, dann als eine „Prosa-Ballade“ und schließlich einfach als eine „Erzählung“. Wie man sieht, hat ihm sein künstlerisches Gewissen Kummer bereitet. Bei Licht besehen ist nämlich „Tonio Kröger“ weder novellistisch noch lyrisch oder balladesk. Man könnte von einer lockeren Episodenfolge sprechen, aber auch dies ist nur teilweise richtig, weil hier im Mittelpunkt ein essayistisches Kapitel steht und weil den Abschluss wiederum essayistische Darlegungen bilden. Es gibt keine Handlung und im Grunde auch keine Entwicklung, vielmehr Stimmungsbilder und Schilderungen seelischer Zustände, versetzt mit mehr oder weniger flüchtigen Bekenntnissen und Reflexionen und, vor allem, mit Erörterungen theoretischer, meist ästhetischer Fragen. [...]

Sein Programm vermittelt der Autor des „Tonio Kröger“ den Lesern mithilfe schroffer Antithesen. Schon im ersten Kapitel, das von der unglücklichen Liebe des vierzehnjährigen Tonio zu seinem Mitschüler Hans Hansen erzählt, werden die epischen Elemente rücksichtslos und ohne Pardon der programmatischen Absicht untergeordnet; und schon hier arbeitet der Erzähler unentwegt mit Kontrasteffekten von eher schlichter Machart. Tonio Kröger ist brünett und hat dunkle Augen, Hans Hansen hat „bastblonde Haare“ und „stahlblaue Augen“. Tonio geht ungleichmäßig und nachlässig, Hans schreitet taktfest und elastisch. Tonio ist früh gereift und zart und traurig, Hans hell und kräftig und gesund. Während Tonio dichtet und den „Don Carlos“ liebt, reitet und schwimmt Hans wie ein Held, er liest und liebt Bücher über Pferde. Tonio fühlt sich unter seinen Altersgenossen fremd und einsam, Hans hingegen erfreut sich allgemeiner Beliebtheit, er lebt in glücklicher Gemeinschaft mit aller Welt. Kurz: Tonio ist der von des Gedankens Blässe angekränkelte Hamlet aus Lübeck, aus Hans wird nie ein Hamlet werden, wohl aber hat er das Zeug zu einem Fortinbras.

Dies alles können die Leser der Erzählung gar nicht übersehen. Denn der Autor selber informiert und belehrt sie unmissverständlich: Nicht die Darstellung steht hier im Vordergrund, sondern die Mitteilung. So werden wir über die Art der Beziehung, die diese beiden Halbwüchsigen miteinander verbindet, ebenfalls ohne Umschweife unterrichtet. „Die Sache war die, dass Tonio Hans Hansen liebte und schon vieles um ihn gelitten hatte. Wer am meisten liebt, ist der Unterlegene und muss leiden.“ Und warum liebt Tonio den Hans? Weil er schön war und weil er „in allen Stücken als sein eigenes Widerspiel und Gegenteil erschien“. Mehr noch: Wir erfahren auch, dass Tonio, vergeblich bemüht, eine geistige Gemeinschaft mit Hans Hansen herzustellen, diesen um dessen Daseinsart beneidet und trotzdem beständig danach trachtet, ihn zu seiner eigenen herüberzuziehen. Der zentrale Konflikt der Erzählung, das zwiespältige Verhältnis des Künstlers zur bürgerlichen Sphäre und also zum Leben, ist damit bereits umrissen und formuliert. [...]

Das große Gespräch mit Lisaweta Iwanowna, der russischen Malerin, die nicht weniger, aber auch nicht mehr als Tonios Vertraute ist, bietet, so will es zunächst scheinen, das theoretische Fundament für die Thesen und Einsichten, die in den ersten Kapiteln zu finden waren. Doch der Schein trügt, denn in Wirklichkeit war es umgekehrt: Wie es sich für eine programmatische Erzählung schickt, ist zuerst dieses theoretische Kapitel entstanden, dem dann Tonios Jugenderlebnisse als epische Belege vorangestellt wurden. Als eine einigermaßen lebendige Figur kann Lisaweta Iwanowna schwerlich gelten. Nicht zufällig genauso alt wie Tonio Kröger, wenn auch im Unterschied zu ihm an den Schläfen schon leicht ergraut, verkörpert sie – sofern sie überhaupt etwas verkörpert – eine der beiden Seelen in seiner Brust. So ist denn der große Dialog im Zentrum bloß Tonios innerer Monolog, ohne viel Aufwand auf zwei Stimmen verteilt.

Skizziert ist hier unter anderem eine Art Ästhetik, die freilich den aufmerksamen Leser gerade dieser Erzählung verwundern muss. So erklärt Tonio, ein Stümper sei, wer glaubt, „der Schaffende dürfe empfinden“. Und: „Liegt Ihnen zu viel an dem, was

Sie zu sagen haben, schlägt Ihr Herz zu warm dafür, so können Sie eines vollständigen Fiaskos sicher sein. Sie werden pathetisch, sie werden sentimental ..." Das Gefühl, „das warme, herzliche Gefühl" sei immer banal und unbrauchbar. Zum Menschlichen müsse man, um es wirksam darstellen zu können, in einem „seltsam fernen und unbeteiligten Verhältnis" stehen. Sollte sich in diesen Postulaten etwa eine Selbstkritik Thomas Manns verbergen? Formuliert sind hier ästhetische Ansprüche, denen von allen seinen epischen Arbeiten die Erzählung „Tonio Kröger" am wenigsten genügt. Ihr ist immer wieder anzumerken, dass sie von einem geschrieben wurde, der viel, gar zu viel empfindet, dem außerordentlich an dem gelegen ist, was er sagen möchte, dessen Herz eben dafür zu warm schlägt und der es deshalb nicht verhindern kann, dass er pathetisch und sentimental wird. Nein, nicht das geforderte kühle, „seltsam ferne und unbeteiligte Verhältnis" zum Menschlichen ist für diese Prosa charakteristisch, vielmehr das Fehlen der Distanz. [...] (1987)

Aus: Marcel Reich-Ranicki: Thomas Mann und die Seinen. © 1987 Deutsche Verlags Anstalt GmbH, Stuttgart

❒ *Fassen Sie die wichtigsten Aussagen des Textes zusammen. Vergleichen Sie sie anschließend mit den Aussagen der Rezension auf Arbeitsblatt 14. Hat sich die Bewertung der Novelle mit zeitlichem Abstand verändert?*

Biografie Joseph von Eichendorff (1788–1857)

Joseph Karl Benedikt Freiherr von Eichendorff wird am 10. März 1788 als zweites Kind einer katholischen Adelsfamilie auf Schloss Lubowitz bei Ratibor in Oberschlesien geboren. Die Eltern, Adolf Theodor Rudolf von Eichendorff und seine Frau Karoline, führen ein offenes Haus mit einem regen gesellschaftlichen Leben, von dem auch die Kinder durch die geistigen Anregungen der oft interessanten Gäste profitieren.

Mit 13 Jahren kommt Joseph auf das Matthias-Gymnasium in Breslau. Bereits in dieser Zeit entstehen seine ersten Gedichte, die Folge einer etwa aus dem elften Lebensjahr in einer später verfassten, fragmentarischen Autobiografie bezeugten dichterischen Erweckung sind: „O ein Frühling im Garten […], und (ich) sehe ins Tal hinab, es ist ein so wunderlicher Abend, die Sonne ist schon untergegangen, aber der Strom leuchtet noch – da geht unsicher ein leises Rauschen durch den Garten. Die Blumen neigen sich leise, mich schauert – es war die Muse, die lächelnd vorüberging, Garten und Täler beleuchtend, […].“

Etwa zur selben Zeit macht Joseph eine zweite wichtige Erfahrung, die sein schriftstellerisches Werk nachhaltig prägen sollte und über die er in seinem ersten Roman „Ahnung und Gegenwart“ selbst erzählt: „Mein Hofmeister fing […] an, mir alle Sonntage aus der Leidensgeschichte Jesu vorzulesen […] Bald wurde mir das periodische, immer wieder abgebrochene Vorlesen zu langweilig. Ich nahm das Buch und las es für mich ganz aus. Ich kann es nicht mit Worten beschreiben, was ich dabei empfand. Ich weinte aus Herzensgrunde, dass ich schluchzte.“

Der Durchbruch zur eigentlichen Dichtung erfolgt während seiner Studienzeit in Heidelberg, wo Joseph von Eichendorff nach zweijährigem Aufenthalt in Halle sein Jurastudium in den Jahren 1807/1808 fortsetzt. Von besonderer Bedeutung wird in diesem Zusammenhang Joseph von Görres, dessen Ästhetik-Vorlesungen ihn faszinieren. Außerdem lernt er den Dichter Otto Heinrich von Loeben kennen, der ihm in den nächsten Jahren nicht nur ein treuer Freund wird, sondern auch erstmalig eine Veröffentlichung seiner Werke ermöglicht. Im Winter 1809/1810 lernt Eichendorff in Berlin die Dichter Achim von Arnim und Clemens Brentano kennen, von denen er „Des Knaben Wunderhorn“ schon begeistert in sich aufgenommen hat.

1810 setzt Eichendorff sein Studium in Wien fort, wo er Friedrich und Dorothea Schlegel sowie den Maler Philipp Veit kennenlernt und 1812 seine Referendarprüfung ablegt. Ab 1813 unterbrechen die Befreiungskriege gegen Napoleon, an denen auch Joseph von Eichendorff teilnimmt, seine weitere berufliche und dichterische Entwicklung. Im Jahr 1815 heiratet er Aloysia (Luise) Viktoria von Larisch, die ihm seelische Wurzeln gibt und die Söhne Hermann und Rudolf sowie die Töchter Therese und Anna schenkt. Ein Jahr später tritt Eichendorff eine preußische Beamtenlaufbahn an, in der er bis zu seinem Ausscheiden im Jahr 1844 aus gesundheitlichen Gründen die verschiedensten Stellen bekleidet: 1816 Referendar in Breslau, 1821 katholischer Kirchen- und Schulrat in Danzig, 1824 Oberpräsidialrat in Königsberg, 1831 Mitarbeiter im Berliner Kultusministerium, 1841 Ernennung zum Geheimen Regierungsrat. Nebenbei widmet er sich jedoch auch weiterhin seiner dichterischen Tätigkeit, und es entstehen Werke wie „Aus dem Leben eines Taugenichts“ (1826) oder „Das Schloss Dürande“ (1837) sowie zahlreiche Gedichte.

Nach seiner Pensionierung verbringt Joseph von Eichendorff wieder längere Zeit in Wien, wo er u. a. Robert und Clara Schumann sowie Franz Grillparzer und Adalbert Stifter begegnet. Die Werke, die in diesen letzten dreizehn Jahren seines Lebens entstehen, sind vor allem literaturwissenschaftliche Arbeiten wie die zweibändige Geschichte der poetischen Literatur Deutschlands. Der Tod von Eichendorffs Frau Luise am 3. Dezember 1855 bedeutet für den Dichter einen Schlag, von dem er sich nicht mehr erholen sollte. Er selbst stirbt nach einer harmlosen Erkältung am 26. November 1857 in seinem letzten Wohnsitz im schlesischen Neiße und wird vier Tage später auf dem Friedhof St. Jerusalem beigesetzt.

Joseph von Eichendorff. Lithografie von Franz Kugler (1832). Historisches Bildarchiv Handke

Biografie Thomas Mann (1875–1955)

Thomas Mann, *6.6.1875 Lübeck, † 12.8.1955 Kilchberg bei Zürich, Schriftsteller. Einer der bedeutendsten deutschsprachigen Erzähler des 20. Jahrhunderts. Für seinen Roman „Buddenbrooks“ (1901) erhielt er 1929 den Nobelpreis für Literatur. Weitere wichtige Werke sind „Der Tod in Venedig“ (1912), „Der Zauberberg“ (1924), die vier „Joseph“-Romane (1933-1943), „Doktor Faustus“ (1947).

Leben und Werk

Kindheit und Jugend: Thomas Mann wurde am 6. Juni 1875 als zweiter Sohn eines wohlhabenden und angesehenen Lübecker Kaufmanns und Senators geboren. Er verbrachte eine glückliche Kindheit, die Schule absolvierte er allerdings nur widerwillig. Dort galt er bei den Lehrern als verstockt und gleichgültig und hat trotz zweifacher Wiederholung einer Klasse das Abitur nicht geschafft. Zwei Jahre nach dem Tod des Vaters und der Liquidierung seiner Firma verließ Mann 1893 mit knapp 19 Jahren die Schule und ging mit der Familie nach München, entschlossen, eines Tages Dichter zu werden. Trotzdem trat er, vermutlich dem Wunsch der Familie entsprechend, als Volontär in das Kontor einer Feuerversicherung ein. Die leichte Arbeit ließ ihm Zeit für sein Schreiben, die Novelle „Gefallen“ entstand und wurde in einer der bekanntesten literarisch-politischen Zeitschriften veröffentlicht. Dieser Erfolg ermutigte ihn, die Ausbildung abzubrechen und sich in einem freien Studium auf die professionelle Schriftstellerei vorzubereiten. Er schrieb in dieser Zeit unter anderem Rezensionen und Kritiken für die satirische Zeitschrift „Simplizissimus“, und beim S. Fischer Verlag erschien 1898 seine Novelle „Der kleine Herr Friedemann“. Der Weg zum selbstständigen Autor schien sich zu bahnen, zumal er mit der Volljährigkeit 1896 durch eine üppige monatliche Rente von 320 Goldmark finanziell unabhängig war und Redakteur beim „Simplizissimus“ wurde.

Durchbruch mit den „Buddenbrooks“

Im Jahr 1897 begann Thomas Mann die Arbeit an einer kleinen Erzählung, die sich dann zu seinem ersten Roman auswuchs. Über drei Jahre schrieb er beharrlich an der literarischen Chronik über den Verfall einer Lübecker Handelsfamilie. Dabei vertraute er nicht so sehr seiner Fantasie als vielmehr realen Begebenheiten. Dementsprechend empört war seine Heimatstadt nach dem Erscheinen des Romans, zumal er in einem anschaulichen, realistischen Stil gehalten ist. Allerdings ist Thomas Manns „Realismus“ von symbolischen Ebenen durchzogen, seine Texte sind reich an hintergründigen Bezügen, Anspielungen und Bedeutungen. Zentral ist für sein Schreiben das Mittel der Ironie. Sie stellt eine Distanz zur realistischen Ebene her und macht die Verbindung von der dargestellten Wirklichkeit zur symbolischen Bedeutung bewusst. Thomas Manns Lebensthema, das er in immer neuen Varianten bearbeitet, ist die Künstlerexistenz in der bürgerlichen Gesellschaft, das Spannungsverhältnis zwischen Geist und Leben. In den „Buddenbrooks“ versiegt in der vierten Generation die Tatkraft, und das unternehmerische Geschick der Kaufmannsfamilie findet sein Ende mit dem sensiblen „Spätling“ Hanno Buddenbrook. Er ist den strengen Lebensaufgaben nicht mehr gewachsen, seine Basis ist allein die Kunst, der er sich rauschhaft hingibt. Es ist für Mann die Ironie der Entwicklungsgeschichte, dass aus dem Prozess der biologischen Degeneration eine Vergeistigung und seelische Verfeinerung entsteht. Diese Vorstellung ist stark geprägt von Friedrich Nietzsche, den Thomas Mann sein ganzes Leben hindurch intensiv gelesen hat. Weitere Leitbilder sind Arthur Schopenhauer und Richard Wagner. Die Opulenz und Sinnlichkeit von Wagners Opern hatten eine starke Wirkung auf den Autor. Auch erinnert die Technik des in immer neuen Variationen erscheinenden Leitmotives an Wagners Kompositionsverfahren. In der berühmten Dichternovelle „Tonio Kröger“ (1903) arbeitet Thomas Mann den Konflikt zwischen Bürger und Künstler auf eine andere Weise heraus: Gegenüber der Anständigkeit und Gewöhnlichkeit des bürgerlichen Lebens hat der Künstler das Problem, dass er das Leben zwar in Kunst gestalten kann, aber selbst nicht am Leben teilnimmt.

Thomas Mann. Verlagsarchiv Schöningh

Es gibt keine Synthese der beiden Bereiche. Der scharfe Blick des Dichters hält die Welt auf Abstand, doch es geschieht in sentimentaler Trauer um den Verlust der Unmittelbarkeit. Die Novelle „Tod in Venedig" (1912) zeigt symbolisch, wie ein Dichter in der Wirklichkeit umkommt. Der alternde Schriftsteller Gustav Aschenbach verfällt dem schönen Knaben Tadzio, er entscheidet sich bewusst gegen seinen scharfen Verstand und für die „naive" Liebe, zugleich gibt er die bürgerliche Fassade auf und öffnet sich dem Dionysischen. Sein Weg führt in Chaos und Zerfall, schließlich stirbt er. Thomas Mann bannt die Bedrohung des Künstlers, die er selbst auch empfand, in den Bereich der Literatur, und es gelingt ihm für sein eigenes Leben eine auf den ersten Blick harmonische bürgerliche Beziehung. 1905 heiratet er Katja Pringsheim, die Tochter eines angesehenen Universitätsprofessors. Damit steigt er in die Spitze der Münchner Gesellschaft auf. Insgesamt sechs Kinder stammen aus der Ehe, Erika, Klaus, Golo, Monika, Elisabeth und Michael. Trotzdem zeigen seine Tagebücher an vielen Stellen, wie mühevoll es für ihn war, angesichts seiner Homosexualität die bürgerliche Struktur aufrechtzuerhalten.

Der Erste Weltkrieg und die „Betrachtungen eines Unpolitischen"

Noch kurz vor dem Ende des Ersten Weltkriegs veröffentlichte Thomas Mann seine „Betrachtungen eines Unpolitischen" (1918), einen politisch-ästhetischen Essay, in dem er den Krieg befürwortet und sich zum konservativen Beschützer deutscher Werte aufschwingt. Den Ideen der Französischen Revolution und der Demokratie insgesamt wird eine Absage erteilt („geistig-politische Invasion des Westens"). Der fortschrittlichen, französischen Humanität stellt er eine Denkweise entgegen, die alles aus einem ästhetischen, distanzierten Blick betrachtet und nicht in den Lauf der Weltgeschichte eingreift. Seine „deutsche" Humanität ist die des Leidens und Dienens. Der Pathos des Buches steht im krassen Gegensatz zur grausamen Kriegsrealität, von der er im sicheren München keine Vorstellung zu haben schien. Die „Betrachtungen" sind auch Teil der Auseinandersetzung mit seinem vier Jahre älteren Bruder Heinrich, der als ebenso bekannter Schriftsteller stets auch ein Konkurrent für Thomas Mann war. Es kommt zum Zerwürfnis, als sich Thomas Mann von dessen pazifistischer, demokratischer und pro-westlicher Haltung angegriffen fühlt.

„Der Zauberberg" und die Weimarer Republik

Einige Jahre nach dem Ersten Weltkrieg vollzieht Thomas Mann mit der Rede „Von deutscher Republik" (1922) einen offiziellen Sinneswandel und findet Argumente für die Demokratie. Sein geistesgeschichtlicher Hintergrund bleibt weiterhin konservativ, doch unter den Anhängern der „konservativen Revolution" gilt er als Wendehals. Eine tragische Weltsicht und „Todesnähe" bestimmt stattdessen das Denken Thomas Manns. Das zeigt sich bei der Veröffentlichung seines Romans „Der Zauberberg" 1924. Begonnen hatte er das Manuskript schon 1913, doch erst nach dem Krieg schrieb er intensiv daran. Hier zog er die Summe seiner Auseinandersetzung mit Nationalismus und Demokratie.

[...]

Immer stärker polarisiert sich das politische Leben der Weimarer Republik. Thomas Mann wandelt sich in dieser Zeit zum kulturellen Aushängeschild der Demokratie und um 1930 zum erklärten Antifaschisten. In zahlreichen Reden bezog er öffentlich Stellung, beispielsweise in seiner „Deutschen Ansprache" 1930 oder in der „Rede vor Arbeitern in Wien" 1932, obwohl er auch hier wieder nicht politisch, sondern ästhetisch argumentiert.

„Joseph und seine Brüder", Emigration

Seit 1926 war er wieder mit einem großen Romanprojekt beschäftigt, das bis 1943 dauerte und schließlich vier Bände umfasste. Im Mittelpunkt steht die Geschichte des biblischen Joseph aus dem alten Testament. Der Überlieferung nach wurde er von seinen Brüdern nach Ägypten verkauft und stieg dort bis zum Pharaonenberater auf. Thomas Mann bearbeitet den Mythos in einem republikanischen Sinne. Sein Joseph ist ein erwählter Mensch, der seine Besonderheit kennt und sie sozial verantwortlich einsetzt. Hier ändert sich der Blick des Schriftstellers auf die Künstler-Bürger-Problematik. Angesichts der politischen Zustände in Deutschland spricht aus den Romanen eine erstaunlich heitere, den Widerstand aufmunternde Stimmung. Den Abschied aus Deutschland hatte Thomas Mann eigentlich nicht vorgesehen, denn er wollte den Kontakt zu seinem Publikum nicht verlieren (der zweite Band des Joseph-Romans stand kurz vor der Auslieferung). Er ging dabei so weit, dass er die Zusage zur Mitarbeit an der Exilzeitschrift „Die Sammlung", die sein Sohn Klaus herausgab, aus Angst um seine Veröffentlichungsmöglichkeit in Deutschland wieder zurückzog, sehr zur Erbitterung des Sohnes. Dabei lebte auch Thomas Mann schon seit Februar 1933 nicht mehr in Deutschland, denn er blieb nach einer Vortragsreise ins benachbarte Ausland auf dringendes Anraten von Freunden und den Kindern Klaus und Erika in der Schweiz. Allerdings bezog er erst 1936 anlässlich einer literaturpolitischen Debatte einen klar antifaschistischen Standpunkt. Im gleichen Jahr wurde er schließlich ausgebürgert, und die Universität Bonn entzog ihm wieder die Ehrendoktorwürde. Das gab Thomas Mann die Gelegenheit, aus seiner Ablehnung des Nationalsozialismus kein Geheimnis mehr zu machen und jedes öffentliche Mittel zu nutzen, um den totalitären und brutalen Charakter des Regimes anzuprangern.

1938 zog die Familie nach Kalifornien, wo Thomas Mann eine Professur der Princeton University antrat, die ihn finanziell absicherte. Sein internationales Ansehen machte ihn zum „demokratischen Wanderredner", wie er sich selbst ironisch bezeichnete. Politisches Moralisieren war noch immer nicht seine Sache, er blieb auch in den Jahren des politischen Engagements insgeheim der Überzeugung treu, dass der Geist das Leben nicht ändern kann und der Künstler als Politiker nur Platitüden von sich gibt und sich lächerlich macht. Da er auch in der Emigrantenhilfe stark eingespannt war (privat unterstützte er viele Kollegen finanziell), ließ ihm die „praktische" Arbeit wenig Raum für seine eigentliche Tätigkeit. Trotzdem vollendete er im Oktober 1938 den Goethe-Roman „Lotte in Weimar". […]

Thomas Mann blieb in die „äußere" Welt involviert. Im Oktober 1942 begann eine Reihe von Radioansprachen mit dem Titel „Deutsche Hörer", die für den BBC produziert wurden. Er war Gast bei Präsident Roosevelt, wurde Wahlredner für ihn und nahm 1944 die amerikanische Staatsbürgerschaft an.

Nach dem Krieg, „Doktor Faustus" und die Deutschen

Seit 1943 arbeitete Thomas Mann an seinem Roman „Doktor Faustus", die Politik hatte auch sein Werk erfasst. In der Figur des Komponisten Adrian Leverkühn spiegeln sich Schuld und Unvermögen der bürgerlichen Gesellschaft, die in den Faschismus führen: Leverkühn verschreibt sich dem Teufel, um die Musik durch die Erfindung der Zwölftontechnik noch einmal in geniale Höhen voranzutreiben. […] Thomas Mann selbst war nach dem Krieg in einen polemischen Streit mit Autoren der „inneren Emigration" verwickelt. Sie machten ihm und anderen Exilautoren zum Vorwurf, dass diese ein schönes Leben genossen hätten, während sie leiden mussten. Mann reagierte sehr unwirsch und tat alle Bücher, die bis 1945 in Deutschland erschienen sind, als Machwerke ab. Nicht zuletzt diese Auseinandersetzung bewog ihn, nicht nach Deutschland zurückzukehren, er besuchte erst 1949 anlässlich der Feierlichkeiten zum 200. Geburtstag Goethes sein Heimatland und hielt Festvorträge in Weimar und Frankfurt. Im selben Jahr beging sein Sohn Klaus Selbstmord, es war nach den Selbstmorden seiner Schwestern Clara (1910) und Julia (1927) eine weitere Familientragödie. 1950 starb sein Bruder Heinrich im kalifornischen Exil, zwei Jahre später siedelte Thomas Mann in die Schweiz über. Dort entstand die endgültige Fassung seines Schelmenromans „Bekenntnisse des Hochstaplers Felix Krull" (1954). Ein Jahr später, am 12. August 1955, stirbt der Autor im Kantonsspital Zürich.

Der Taugenichts[1] Thomas Mann

Der Taugenichts. Zeichnung aus einer bibliophilen Ausgabe mit Zeichnungen von Emil Preetorius

„Aus dem Leben eines Taugenichts" … Weiß man noch? Und möchte man die holde Erinnerung nicht einmal auffrischen, gerade und trotzigerweise jetzt die schwebende, klingende Geschichte wieder lesen, die, als wir sie vordem lasen, vielleicht ein zerschlissenes Fetzchen mit Eselsohren war und unterdessen zum vornehmsten Buchwerk geworden ist: solennen Formats, gedruckt in klaren und großen deutschen Lettern auf schönes, starkes Papier und obendrein geschmückt mit Zeichnungen von einem wunderlich anachronistisch wirkenden, genialen kleinen Herrn mit dem romantisch-vorpolitischen Namen Preetorius?

Es hat doch wohl keinen Sinn, dass ich die Fabel rekapituliere? Sie anspruchslos zu nennen, wäre schon zu viel gesagt. Sie ist – die reine ironische Spielerei, und der Verfasser selbst macht sich darüber lustig, indem er gegen den Schluss jemanden sagen lässt: „Also zum Schluss, wie sich's von selbst versteht und einem wohl erzogenen Romane gebührt: Entdeckung, Reue, Versöhnung, wir sind alle wieder lustig beisammen, und übermorgen ist Hochzeit!" Aber der Roman ist nichts weniger als wohlerzogen, er entbehrt jedes soliden Schwergewichts, jedes psychologischen Ehrgeizes, jedes sozialkritischen Willens und jeder intellektuellen Zucht; er ist nichts als Traum, Musik, Gehenlassen, ziehender Posthornklang, Fernweh, Heimweh, Leuchtkugelfall auf nächtlichen Park, törichte Seligkeit, sodass einem die Ohren klingen und der Kopf summt vor poetischer Verzauberung und Verwirrung. Aber er ist auch Volkstanz im Sonntagsputz und wandernde Leierkasten, ein deutsch-romantisch gesehenes Künstler-Italien, fröhliche Schifffahrt einen schönen Fluss hinab, während die Abendsonne Wälder und Täler vergoldet und die Ufer von Waldhornklängen widerhallen, Sang vazierender Studenten, welche „die Hüt' im Morgenstrahl schwenken", Gesundheit, Frische, Einfalt, Frauendienst, Humor, Drolligkeit, innige Lebenslust und eine stete Bereitschaft zum Liede, zum reinsten, erquickendsten, wunderschönsten Gesange … Ja, die Weisen, die da erklingen, die überall eingestreut sind, als sei es nicht weiter viel damit, – es sind nicht solche, die man nur eben in Kauf nimmt, es sind Perlen der deutschen Lyrik, hochberühmt, unserm Ohr und Herzen alt und lieb vertraut; hier aber stehen sie an ihrem eigentlichen Platze, noch ganz ohne Ruhmespatina, noch nicht eingegangen in den Liederschatz der Jugend und des Volkes, frisch, erstmalig und nagelneu: Dinge wie „Wohin ich geh und schaue", oder jenes „Wer in die Fremde will wandern" mit dem Endruf „Grüß dich, Deutschland, aus Herzensgrund!", oder „Die treuen Berg' stehn auf der Wacht", und dann die Zauberstrophe, die eine als wandernder Maler verkleidete Frau zur Zither auf dem Balkon in die warme Sommernacht singt; die, wie jedes der Lieder auf noch prosaischem Wege musikalisch vorbereitet wird – „Weit von den Weinbergen herüber hörte man noch zuweilen einen Winzer singen, dazwischen blitzte es manchmal von ferne, und die ganze Gegend zitterte und säuselte im Mondschein" –, und die nun freilich nicht mehr volkstümlich ist, sondern ein Nonplusultra, eine betörende Essenz der Romantik, –

> „Schweigt der Menschen laute Lust:
> Rauscht die Erde wie in Träumen
> Wunderbar mit allen Bäumen,
> Was dem Herzen kaum bewusst,
> Alte Zeiten, linde Trauer,
> Und es schweifen leise Schauer
> Wetterleuchtend durch die Brust."

Der Taugenichts nun also, um persönlich auf ihn zu kommen, ist ein Müllersjunge, der seinen Schimpfnamen daher hat, dass er daheim zu nichts taugt als sich in der Sonne zu rekeln und die Geige zu streichen, und den sein Vater darum ärgerlich auf die Wanderschaft schickt, damit er sich draußen sein Brot erwerbe. „Nun", sagt der Junge, „wenn ich ein Taugenichts bin, so ist's gut, so will ich in die Welt gehen und mein Glück machen." Und während rechts und links seine Bekannten und Kameraden,

[1] Dieser Essay erschien zuerst in der neuen Rundschau, 11. Heft, 1916.

„wie gestern und vorgestern und immerdar“, zur Arbeit hinausziehen, graben und pflügen, streicht er, „ewigen Sonntag“ im Gemüte, mit seiner Geige durchs Dorf in die freie Welt hinaus und lenkt mit dem nagelneuen Liede „Wem Gott will rechte Gunst erweisen“ begreiflicherweise die Aufmerksamkeit zweier Damen auf sich, die ihn in einem „köstlichen Reisewagen“ auf der Landstraße überholen. Sie nehmen ihn auf dem Trittbrette mit nach Wien, das er ins Blaue hinein als sein Wanderziel genannt hat; und damit beginnt der verträumte Reigen seiner deutsch-italienischen Abenteuer, die Geschichte seiner Liebe zur viel schönen gnädgen Frau, diese willenlose Geschichte, die sich in einer Opernintrige verwirrt, um sich in kindliches Wohlgefallen aufzulösen, und in welcher der Charakter dessen, der sie erlebt und erzählt, sich so treuherzig-unverantwortlich offenbart.

Der Charakter des Taugenichts ist folgender. Seine Bedürfnisse schwanken zwischen völligstem Müßiggang, sodass ihm vor Faulheit die Knochen knacken, und einem vag-erwartungsvollen Vagabundentriebe ins Weite, der ihm die Landstraßen als Brücken – über das schimmernde Land sich fern über Berge und Täler hinausschwingende Brücken zeigt. Er ist nicht allein selber nutzlos, sondern er wünscht auch die Welt nutzlos zu sehen, und als er ein Gärtchen zu bewirtschaften hat, wirft er Kartoffeln und anderes Gemüse, das er darin findet, hinaus und bebaut es zum Befremden der Leute mit ganz erlesenen Blumen, mit denen er allerdings seine hohe Frau beschenken will und die also wohl einen Zweck haben, aber nur einen unpraktisch-empfindsamen. Er ist von der Familie der jüngsten Söhne und dummen Hänse des Märchens, von denen niemand etwas erwartet und die dann doch die Aufgabe lösen und die Prinzessin zur Frau bekommen. Das heißt, er ist ein Gotteskind, dem es der Herr im Schlafe gibt, und er weiß das auch; denn als er in die Welt zieht, wiederholt er nicht seines Vaters Wort vom Broterwerb, sondern erklärt leichthin, er gehe, sein Glück zu machen. Auch ist er so hübsch von Gesicht, dass in Italien, wo er, ohne es zu wissen, infolge der Intrige eine Zeit lang für ein verkleidetes Mädchen gilt, ein schwärmerischer Student sich recht hoffnungslos in ihn verliebt und dass überhaupt alle Herzen sich freundlich zu ihm neigen. Trotzdem aber und obgleich er die schöne Wandererde, das frische Krähen der Hähne über die leise wogenden Kornfelder hin, die schweifenden Lerchen zwischen den Morgenstreifen hoch am Himmel, den ersten Mittag, die flüsternde Nacht aus dankbarer Seele liebt und innig belauscht, ist er in der Welt doch nicht zu Hause, hat in der Regel nicht teil an dem Glücke derer, die sich in ihr zu Hause fühlen. „Alles ist so fröhlich“, denkt er, während er wie öfters über der Welt in einer Baumkrone sitzt; „um dich kümmert sich kein Mensch. Und so geht es mir überall und immer. Jeder hat sein Plätzchen auf der Erde ausgesteckt, hat seinen warmen Ofen, seine Tasse Kaffee, seine Frau, sein Glas Wein zu Abend und ist so recht zufrieden. Mir ist's nirgends recht. Es ist, als wäre ich überall eben zu spät gekommen, als hätte die ganze Welt gar nicht auf mich gerechnet.“ Er vergleicht sich mit einem zusammengerollten Igel, mit einer Nachteule, die in Ruinen hockt, mit einer Rohrdommel im Schilfe eines einsamen Weihers. Und er nimmt dann seine Geige von der Wand und spricht zu ihr: „Komm nur her, du getreues Instrument! Unser Reich ist nicht von dieser Welt!“

Er ist ein Künstler und ein Genie, – was nicht seine eigene Behauptung noch die des Dichters ist, aber durch seine Lieder zur schönsten Evidenz erwiesen wird. Gleichwohl hat sein Wesen nicht den geringsten Einschlag von Exzentrizität, Problematik, Dämonie, Krankhaftigkeit. Nichts ist bezeichnender für ihn als sein „Grausen“ vor den wildschönen und überspannten Reden des Malers in dem römischen Garten, eines Bohemiens von dekorativem Gebaren, der mit grotesker Lustigkeit von Genie und Ewigkeit, von „Zucken, Weintrinken und Hungerleiden“ rodomontiert und dabei mit seinen verwirrten Haaren vom Tanzen und Trinken im Mondschein ganz leichenblass anzusehen ist. Der Taugenichts schleicht sich davon. Obgleich Landstreicher, Musikant und Verliebter, versteht er sich nur schlecht auf die Boheme – denn die Boheme ist eine äußerst literarische und naturferne Form der Romantik, und er ist vollkommen unliterarisch. Er ist Volk, seine Melancholie ist die des Volksliedes und seine Lebensfreude desselben Geistes.

Er ist gesund, wenn auch keineswegs derb, und kann die Verrücktheiten nicht ausstehen. Er „befiehlt sich Gottes Führung, zieht seine Violine hervor und spielt alle seine liebsten Stücke durch, dass es recht fröhlich in dem einsamen Walde erklang“. Sein Romantizismus also ist weder hysterisch, noch phthisisch[1], noch wollüstig, noch katholisch, noch fantastisch, noch intellektuell. Dieser Romantizismus ist ganz unentartet und unentgleist; er ist human, und sein Grundton ist melancholisch-humoristisch. Wo dieser Ton drollig wird, erinnert er auffallend an den eines sehr hohen germanischen

---
1 schwindsüchtig

Humoristen der Gegenwart, der ebenfalls Volk und inniger Landstreicher ist: an den Knut Hamsuns. ‚Parlez-vous français?‘, sagte ich endlich in meiner Angst zu ihm. Er schüttelte mit dem Kopfe, und das war mir sehr lieb, denn ich konnte ja auch nicht französisch." – Der Taugenichts verleugnet den Humoristen auch nicht in der Liebe. Auch seine Liebe ist nicht „leichenblass", auch sie ist human, das heißt melancholisch, innig und humoristisch. Er würde sich niemals, wie der welsche Student tut, der ihn für ein Mädchen hält, jemandem mit Idio und cuore und amore und furore zu Füßen stürzen. Als „alles, alles gut" ist und er seine hohe Frau haben kann, da sie gottlob nur eine Portiersnichte ist, da ist er „so recht seelenvergnügt" und langt eine Handvoll Knackmandeln aus der Tasche, die er noch aus Italien mitgebracht hat. „Sie nahm auch davon, und wir knackten nun und sahen zufrieden in die stille Gegend hinein." Das ist so freiwillig humoristisch, dass keine unfreiwillige Komik aufkommen kann, und man erinnert sich, dass auch die Märchenhänse sich nicht exaltierter aufführen, wenn sie die Prinzessin bekommen. Der Taugenichts ist in geschlechtlichen Dingen unschuldig bis zur Tölpelhaftigkeit und geht aus recht heiklen Lebenslagen, in die er dank der Intrige gerät, unberührt und ahnungslos hervor. Dass seine Reinheit nicht albern wirkt, ist eine starke poetische Leistung. Es ist die Reinheit des Volksliedes und des Märchens und also gesund und nicht exzentrisch. Er hat die Naivität und Freimenschlichkeit gemeinsam mit Gestalten wie den Wagner'schen Waldknaben, dem Helden der Dschungelbücher und Kaspar Hauser. Aber er hat weder Siegfrieds Muskelhypertrophie, noch Parsifals Heiligkeit, noch Mowglis Halbtierheit, noch Hausers seelische Kellerfarbe. Das alles wären Exzentrizitäten; der Taugenichts aber ist human-gemäßigt. Er ist Mensch, und er ist es so sehr, dass er überhaupt nichts außerdem sein will und kann: Eben deshalb ist er der Taugenichts. Denn man ist selbstverständlich ein Taugenichts, wenn man nichts weiter prästiert[1], als eben ein Mensch zu sein. Auch ist sein Menschentum wenig differenziert, es hat etwas Abstraktes, es ist bestimmt eigentlich nur im nationalen Sinne, – dies allerdings sehr stark: Es ist überzeugend und exemplarisch deutsch, und obgleich sein Format so bescheiden ist, möchte man ausrufen: Wahrhaftig der deutsche Mensch!

Preetorius hat diese Figur wundervoll verstanden und wiedergegeben. Sie ist nur zwei Zoll hoch auf seinen Zeichnungen, aber voll von poetischem und symbolischem Leben. Der Taugenichts vor dem Amtmann, auf der verwitterten Gartenmauer, im Schlafrock vor seinem Zollhäuschen; der Taugenichts im Frührot wandernd und geigend oder im Baum über das weite Land hin meditierend; der Taugenichts, sein Instrument schwenkend, vor der Silhouette von Rom oder am Schluss mit der Geliebten auf dem Söller über dem tiefen Tal: Das sind Fixierungen von zarter und eindringlicher Bildkraft. Der Illustrator macht seinen Helden nicht „schön", obwohl es im Buch über ihn heißt: „Come è bello!" Aber die Schönheit des Taugenichts ist auch sicher nichts weiter als ein Durchschimmern seiner Gotteskindlichkeit, und der Illustrator tat recht, dem Zug seines humoristischen Talentes zu folgen und keinen Idealjüngling, sondern einen linkischen Märchenhans zu zeigen. Sein Taugenichts – und man wird ihn nun wohl immer so sehen müssen – ist ein Bursche in einem braunen Schoßrock und ungeschickten Hosen, mit Vatermördern, einem komisch widerspenstigen Haarwuchs und einem spitznäsigen, unendlich naiven, unklugen und guten Gesicht. Der Zeichner gab viel, mit ganz sparsamen, aber genau und sinnig verwandten Mitteln: Er gab nach der Vorschrift des Dichters ein in seiner Anspruchslosigkeit rührendes und erheiterndes Symbol reiner Menschlichkeit, human-romantischer Menschlichkeit, noch einmal denn: des deutschen Menschen."

Aus: Die Betrachtungen eines Unpolitischen. Frankfurt/M.: S. Fischer Verlag 1956

[1] prästieren: leisten

- ❒ 1. *Fassen Sie die Beurteilung des „Taugenichts" durch Thomas Mann schriftlich zusammen und nehmen Sie dazu ausführlich persönlich Stellung. Wo stimmen Sie mit Thomas Mann überein, wo sind Sie anderer Meinung?*
- ❒ 2. *Setzen Sie die Kritik Thomas Manns in Bezug zu „Tonio Kröger". Erfüllt Thomas Mann die Kriterien, die er in seinem Artikel an den „Taugenichts" anlegt?*

Stephen Greenblatt: Warum reisen?

Weshalb nimmt man Desorientierung, Verdauungsstörungen, Langeweile, Unkosten, ja gar die Gefahren des Reisens auf sich? Neugier ist nicht der einzige Grund.

[...]
Weshalb sollten Leute aus bequemen Lebensverhältnissen (denn ich spreche hier nicht von den armen Teufeln, die durch Krieg, Hunger oder drückende Armut aus ihrer Heimat vertrieben werden) auf ihre vertraute Umgebung, ihre wohlfeilen Befriedigungen und gewohnten Sicherheiten verzichten, um – und sei es nur für ein paar Tage oder Wochen – an Orte zu reisen, deren Sprache und Sitten sie nicht kennen, über deren Geschichte sie kaum etwas wissen und wo sie im Wesentlichen auf Menschen treffen, die es vornehmlich darauf abgesehen haben, die Gäste so effizient wie möglich von ihrem Geld zu trennen?

Ein wichtiges Motiv ist sicher die Neugier, jene merkwürdige Triebkraft, die schon von den Theologen des Mittelalters unermüdlich bekämpft wurde, weil sie ihnen als sündige Abschweifung von der Versenkung in Gott erschien. Aber selbst zu den frömmsten Zeiten war es den Abenteuerlustigen möglich, ihre Neugier mit Pilgerfahrten zu befriedigen, jene spektakulären Vorläufer des modernen Tourismus. Im Verlauf der folgenden Jahrhunderte nahmen dann sowohl Reiserouten wie deren Rechtfertigungen allmählich weltlichere Züge an. Der Wunsch nach Grenzüberschreitungen, nach dem Blick über den Horizont, nach einer Begegnung mit dem Fremden und Unbekannten kann zwar unterdrückt, aber niemals gänzlich erstickt werden. Denn wie so manches wankende Regime in jüngster Zeit zum eigenen Nachteil entdecken musste, wird die Neugierde durch Maßnahmen zu ihrer Eindämmung – ob Mauern, Erlasse oder Reisebeschränkungen – letztlich immer nur verstärkt. [...]

Die Geschichte des Reisens ist die Geschichte der gewollten und kontrollierten Entfremdung. Maßgebliche Bestandteile der äußeren Welt – Landschaft, Klima, Gebäude, das Bett, in dem man schläft, das Waschbecken, in dem man sich wäscht, das Essen, das man zu sich nimmt, die Gesichter der Fremden, die einem auf der Straße begegnen –, all das verändert sich auf Reisen und wird dadurch überhaupt erst spürbar. [...]

Wie die Poesie die Intensität der Sprache steigert, so machen die Entfremdungseffekte einer Reise die äußere Welt nicht nur spürbar, sondern steigern auch ihre Intensität. Als Folge davon ändert sich das Verhältnis zwischen dem Selbst und den Dingen, die jenseits von uns liegen: Für die Dauer eines Augenblicks besteht die Welt auf einer eigenen, unabhängigen Existenz, einer von uns losgelösten Dinglichkeit, und wir fühlen uns von unseren persönlichen Obsessionen befreit. Es ist auf die Veränderung dieses Verhältnisses zurückzuführen – auf die Zunahme der objektiven Widerständigkeit der Welt und die verringerte Souveränität des Ichs –, dass wir das Reisen oft als Urlaub nicht nur von der gewohnten Umgebung, sondern auch von uns selbst erleben.

Aber das ist nur der eine Teil der Geschichte. Paradoxerweise geht die Intensivierung der Objektwelt auf Reisen mit einer Intensivierung der projektiven Einbildungskraft einher. Wir verreisen nie ohne Erwartungen, nie ohne eine Sequenz von geistigen Bildern, die wir zu bestätigen hoffen, nie ohne ein Drehbuch, dem wir halb bewusst folgen. Ich besitze all die Fotos vom Hafen von Le Havre nicht nur deshalb, weil er in seiner ganzen Banalität auf mich wie Neuland wirkte, sondern auch, weil ich eine im Wind flatternde Trikolore sah und einen Mann mit einer Baskenmütze auf dem Kopf und einen anderen mit einer Baguette unter dem Arm: Bilderbuchbilder von Frankreich, Signale, welche mir dabei halfen, meine Wahrnehmungen mit meinen Erwartungen zur Deckung zu bringen. [...]

In: Vom Reisen. NZZ Folio, Die Zeitschrift der Neuen Zürcher Zeitung, 6/96. (www.x.nzz.ch/archiv/1996/06/articles/greenblatt.html)

❐ *Welche Verbindung sieht der Autor zwischen Reisen, Grenzüberschreitung und Erwartungshaltung? Welche Rückschlüsse lassen sich daraus auf den Taugenichts bzw. auf Tonio Kröger ziehen?*

Lienhard Wawrzyn: Romantik (1978)

Mentalitätswandel

Wenn wir die Romantik historisch betrachten, dann ist sie der Höhepunkt eines merkwürdigen Wandels der Mentalität der Menschen, zu dem es im Laufe des 18. Jahrhunderts kam und der, nach und nach, die verschiedensten Lebensäußerungen erfasste, von der Geschichtsauffassung bis zur Gartengestaltung, von der Medizin bis zu den Formen menschlicher Geselligkeit und den Liebesbeziehungen.

Das 18. Jahrhundert begann *rationalistisch und kosmopolitisch.* Es feierte den tätigen Menschen, der, indem er arbeitet, seine Individualität vervollkommnet und gleichzeitig ein vernünftiges soziales Wesen wird.

Das Jahrhundert endete, indem es das *Irrationale, das Organische*, das Gewordene, das Gewachsene zu Leitbegriffen der Epoche erhob. Nicht mehr der handelnde Mensch faszinierte, sondern der empfindende Mensch. Nicht mehr für das Machbare und Berechenbare begeisterte man sich, sondern für die Unausrechenbarkeit und Unbegreiflichkeit des Lebens.

„... wenigstens zum Zergliedern der Begriffe", schreibt der Held der ‚Lucinde'[1], „war ich nicht sonderlich gestimmt. Aber gern und tief verlor ich mich in alle die *Vermischungen und Verschlingungen von Freude und Schmerz, aus denen die Würze des Lebens und die Blüte der Empfindung hervorgeht,* die geistige Wollust wie die sinnliche Seligkeit".

Ganz ähnlich argumentiert der romantische Schwärmer Novalis: „Die Welt muss romantisiert werden. So findet man den ursprünglichen Sinn wieder. *Romantisieren ist nichts als eine qualitative Potenzierung.* Das niedere Selbst wird mit einem besseren Selbst in dieser Operation identifiziert, so wie wir selbst eine solche qualitative Potenzreihe sind. Diese Operation ist noch ganz unbekannt. *Indem ich dem Gemeinen einen hohen Sinn, dem Gewöhnlichen ein geheimnisvolles Ansehen, dem Bekannten die Würde des Unbekannten, dem Endlichen einen unendlichen Schein gebe, so romantisiere ich es.*"

Betont wurde nicht mehr *gesteigerte Welterkenntnis,* Arbeit des Begriffs, sondern ein *gesteigertes Wertgefühl.* Die heuristischen[2] Erwartungen waren vom Denken auf das Fühlen übergegangen. Es ist darum üblich geworden, die Aufklärung als fortschrittlich, die Romantik als Flucht ins Irrationale zu bezeichnen. Das ist, ganz pauschal, auch richtig. Aber beide Bewegungen wurden überwiegend von Bürgern getragen. Wie konnte es dann innerhalb einer und derselben sozialen Klasse in wenigen Jahrzehnten zu so einem radikalen Wandel des Welt- und Lebensgefühls kommen?

Romantische Krisenästhetik

Die Romantiker versuchten mit ästhetischen Mitteln und den Mitteln einer ästhetischen Lebenspraxis, die gegen die Aufspaltung der Person durch Arbeitsteilung und gegen die Bändigung der Gefühle durch „die Zügel der Selbstherrschaft" [Schlegel] rebelliert, eine dreifache Krise zu bewältigen:

- eine *soziale Krise der Lebensverhältnisse*, die sich immer mehr verschlechtert hatten,
- eine *politische Krise des feudalabsolutistischen Herrschaftssystems,* das abgewirtschaftet hatte und sich zunehmend terroristisch gebärdete,
- und eine *philosophische Krise des rationalistisch-idealistischen Denkens*, das, Schritt für Schritt, dazu gelangt war, das Leben selbst zu bewirtschaften, alle Zwecke des Lebens in bloße Mittel und die Subjekte in Funktionäre des Systems zu verwandeln.

Wie kommt es, dass in Krisenzeiten romantisch-gefühlsbetonte Annäherungsweisen an die Wirklichkeit ihre plötzliche Konjunktur haben? Wir möchten uns in der Welt einrichten und Unsicherheiten, die über ein bestimmtes Maß hinausgehen, aus unserem Dasein tilgen. Aber wir wollen auch nicht Objekte der Geschichte und des gesellschaftlichen Lebens sein, sondern wir möchten unsere Geschichte selbst gestalten. Die Lust, auszubrechen aus dem Alltag, und das Bedürfnis nach Stabilität in den Alltagsbeziehungen können durchaus Antworten auf ein und dieselbe Situation sein: In Krisenzeiten werden nun dem Denken und Fühlen vertraute Orientierungen entzogen – häufig wandeln sich die realen Verhältnisse erheblich schneller als das System der Begriffe, mit dem wir sie zu erfassen suchen. Dass Theoriebildung den Ereignissen nur folgt und ihren realen Verlauf nicht vorwegnehmen kann, wird jetzt schockhaft erlebbar. Obendrein geben die rationalistischen Versuche, Wirklichkeit systematisch zu begreifen, ihre verdeckten Widersprüche, Einseitigkeiten und Mängel gerade in den Augenblicken der Krise preis.

Im Mystizismus[3], in *religiöser Schwärmerei, in der Fetischisierung medizinischer Lebensregeln* oder in

[1] Lucinde: Roman von Friedrich Schlegel
[2] heuristisch: die Erfindungskunst und den Erkenntnisgewinn betreffend
[3] Mystizismus: Wunderglaube, Verehrung des Geheimnisvollen

dem Aufbereiten der Erinnerungsbilder aus einer schönen vergangenen Zeit bereiten wir unserer Ungewissheit ein warmes Bad. Wo umspannendes Systemdenken versagt, werden entweder Bruchstücke von Erkenntnis zum Ganzen erhoben, um dem Gefühl wieder Sicherheit zu geben, oder man verzichtet bescheiden überhaupt darauf, das Ganze noch zu begreifen. [...]

Die soziale Krise

[...] Als Folge der immer schlechteren Lebensverhältnisse der Mehrheit der Menschen in Deutschland entwickelten viele auch ein neues Verhältnis zu ihrer Geschichte. Geschichte wurde allmählich nicht mehr als ein Prozess begriffen, der nach dem Muster eines gradlinigen Fortschrittes und auf ein vorgegebenes außergeschichtliches Ziel hin verläuft. Am deutlichsten wird dieses neue epochale Bewusstsein in der *Zuwendung zum Mittelalter,* zu einer Welt, in der, wenigstens aus der Ferne der Jahrhunderte betrachtet, die Welt noch in Ordnung zu sein schien, in der die sozialen Systeme offenbar noch funktionierten.
[...] Darum war es besonders für politisch wirkungslose Intellektuelle verlockend, von der Vergangenheit als Zukunft zu träumen. Um 1820 schwärmten die damals als kriminelle Vereinigungen verfolgten Burschenschaften[1] zwar von einem vereinigten Deutschland, aber im Sinne eines mittelalterlichen Volkskaisertums mit einem neuen Barbarossa an der Spitze. Nostalgisch-vergangenheitslüstern sehnte man sich zurück in den Abglanz sozio-kultureller Dauerordnungen, den das Mittelalter bereithielt. Die Gegenwart empfand man als historischen Einbruch in die Stabilität einer guten alten Zeit. [...]

Aufklärung

Die soziale Krise widerlegte den *Fortschrittsoptimismus* der Aufklärer. Vor allem gegen das *platte Nützlichkeitsdenken* der Popularaufklärer richtete sich der Spott der Romantiker. Im Lebensgefühl der Romantiker reifte ein Widerspruch, der in der Aufklärung schon angelegt war. Einerseits forderten die Aufklärer vom Einzelnen, sich an die Gesellschaft *anzupassen* [...]. Zugleich förderte aber die Aufklärung ein *individualistisches Lebensgefühl,* das genau dieser Anpassung im Wege stand. [...]

Das Neue an der Romantik ist die Erkenntnis, dass Selbstverwirklichung des Menschen nicht nur *mit* der Gesellschaft möglich ist, sondern, wenn sie gelingen soll, immer auch ein Stück weit *gegen* sie erfolgen muss.

[Folgen für das Selbstverständnis des Künstlers]

[...] Das hat Folgen für das Verhältnis der Künstler zum Bürgertum. Zunehmend wird seit der Romantik die Erfahrung der Differenz des Individuums zu der Gesellschaft, in der es lebt, produktiv und anregend für die Kunst. Diese Eigenart macht den Charakter sowohl konservativer wie fortschrittlicher Werke seit der Romantik aus. [...]
Im Gegensatz zum klassischen Künstler verstehen sich die Romantiker nicht mehr als die moralisch integren Ratgeber der bürgerlichen Gesellschaft, sondern als ihre Außenseiter. Selbst konservative Künstler, wie Eichendorff, sind von diesem Gefühl ergriffen und wehren sich gegen die Philister, die Spießbürger, deren Glück sich überwiegend der Verdrängung verdankt. Mit dieser Thematik sind die Romantiker die ersten Psychologen der Moderne.
Obwohl sich die Romantiker statt ihrer eigenen Klasse lieber dem einfachen Volk zuwenden und sich auch darin von den Klassikern unterscheiden, vollstrecken sie am einfachen Volk und dessen Traditionen bürgerliches Denken. [...]
In das Bild, das sich Intellektuelle wie Eichendorff oder Novalis vom Volk machen, wandern bürgerliche Projektionen eines „gelungenen" Lebens ein, das man jenseits des eigenen Alltags sucht. Nachdichtungen und Vertonungen von Volksliedern, aus denen alles Derbe und „Vulgäre" weitgehend herausgefiltert wird, dienen dazu, gegen den eigenen Alltag in den Kanzleistuben an Vorstellungen eines natürlichen Lebens festzuhalten. Das einfache Leben des Volkes, so wie man es sich vorstellt, dient dazu als anschauliches Modell. Das macht die Beliebtheit der romantischen Lyrik aus und es erklärt zugleich die romantische Vorliebe für einfachere Versformen, als sie in der Klassik gebräuchlich waren.

Aus: Natursehnsucht und Liebesleid. 99 romantische Gedichte. Ausgewählt und vorgestellt von Lienhard Wawrzyn. Überarbeitete Neuausgabe © 1978, 2002 Verlag Klaus Wagenbach, Berlin

1 Burschenschaften: Studentenverbindungen

Epochenüberblick: Romantik (1795–1840)

Ende des 18. Jahrhunderts lässt sich ein auffälliger Mentalitätswandel beobachten. Der Vernunftglaube der Aufklärung und das Konzept einer ästhetischen Erziehung, wie es die Weimarer Klassik prägte, werden radikal in Frage gestellt. In mancher Beziehung knüpft das neue Denken und Weltverstehen an die Ideale des Sturm und Drang an. Das Gefühl wird wieder als die wichtigste menschliche Fähigkeit gefeiert. Es gilt nicht länger, die Welt zu erkennen, um vernünftig-zweckvoll in ihr zu handeln, sondern sie möglichst intensiv zu erleben. Diese Intensivierung ist zu erreichen, indem die Welt poetisiert oder – mit einem Wort der Zeit – „romantisiert“ wird. Der Dichter Novalis beschrieb das Verfahren so: „Indem ich dem Gemeinen einen hohen Sinn, dem Gewöhnlichen ein geheimnisvolles Aussehen, dem Bekannten die Würde des Unbekannten, dem Endlichen einen unendlichen Schein gebe, so romantisiere ich es.“ Man kann diese Verwandlung der Alltagswelt ins Wunderbare, diesen Hang zum Mystizismus als Flucht aus der Wirklichkeit und als kollektive Reaktion auf eine Krisensituation verstehen. Der Verlauf der Französischen Revolution, die napoleonischen Kriege und die Wiederherstellung des alten absolutistischen Systems in Europa nach Napoleons Sturz zerstörten für die bürgerlichen Intellektuellen alle Hoffnung auf eine Umgestaltung der Verhältnisse aus den Ideen der Aufklärung heraus. Hinzu kam die Erfahrung, dass in der beginnenden Industrialisierung der Mensch in zunehmendem Maße nur noch in seinem ökonomischen Nutzwert gesehen wurde. So wurde die Selbstverwirklichung des Individuums als Prozess in und mit der Gesellschaft von den Schriftstellern der Romantik nicht einmal mehr als Utopie verkündet, wie das noch in der Klassik geschehen war. Diese Selbstverwirklichung konnte nur noch außerhalb der bürgerlichen Gesellschaft bzw. gegen sie erfolgen. Der Dichter sah sich daher nicht mehr als Ratgeber und Erzieher seiner Zeitgenossen, sondern als Außenseiter, als einen von seinem Wesen her Einsamen. Seine Sehnsucht richtete sich auf eine idyllisch verklärte, ursprüngliche Natur, auf ein ebenso idyllisch verklärtes Leben des einfachen Volkes und auf ein nostalgisch als geordnete, heile Welt idealisiertes Mittelalter. Sehnsucht kann überhaupt als das Gefühl aufgefasst werden, das die Romantik kennzeichnete: Sehnsucht hat kein benennbares Motiv, wie zum Beispiel Liebe, Freude oder Leid, sie kann damit auch nie an ein Ziel kommen, Erfüllung finden und damit aufhören, sondern sie speist sich sozusagen aus sich selbst und kann hingebungsvoll dauerhaft genossen werden. Vor diesem Hintergrund wird die Vorliebe der Romantiker für lyrisches Sprechen, namentlich für Volksliedsammlungen und volksliedhafte Gedichte, für Märchen (Sammlung der „Kinder- und Hausmärchen“ durch die Brüder Grimm) und fantastische Erzählungen verständlich. Die Beschäftigung mit mittelalterlicher Dichtung wie dem Minnesang und dem Nibelungenlied ließ die philologische Erforschung der deutschen Sprache und Literatur entstehen, die Germanistik trat neben den Philologien der klassischen Sprachen auf den Plan.

Eine Folge der Begeisterung für das Mittelalter war z. B. auch die Gründung eines Vereins, der in Köln für die Vollendung des Doms nach den alten Bauplänen sorgte. Bis dahin hatte der Dom wegen Geldmangels seiner mittelalterlichen Bauherrn die Jahrhunderte als Bauruine überdauert.

Aus: Texte, Themen und Strukturen. Deutschbuch für die Oberstufe. Hrsg. von Heinrich Biermann und Bernd Schurf. Berlin: Cornelsen Verlag 1999, S. 254

Caspar David Friedrich: Wanderer über dem Nebelmeer. Öl auf Leinwand, um 1818.

Literatur und Kunst um 1900

Die Wende zum 20. Jahrhundert bedeutete nicht nur den zeitlichen Wechsel der Jahrhunderte, sondern einen kulturellen Umbruch. In der wachsenden Spannung zwischen fortschreitender Entwicklung zur Industriegesellschaft und starr-konservativen politischen und gesellschaftlichen Verhältnissen mit nicht mehr tragfähigen kulturellen Werten machte sich in der jungen Generation das Gefühl von Sinnentleerung, Langeweile und Untergangsstimmung breit. Mit dem Ende des bürgerlichen Zeitalters gerieten auch übereinkommende künstlerische Gestaltungsmittel in die Kritik der jungen Dichter, Maler und Musiker.

Die realistischen Darstellungsformen des 19. Jahrhunderts beherrschten noch die Praxis der verschiedenen Künste: Es galt, die wahrgenommene Wirklichkeit möglichst naturgetreu nachzubilden. Sie wurde dabei jedoch auch idealistisch überhöht, um harmonisch und schön zu wirken und edle, große Gefühle zu vermitteln. Mit der Jahrhundertwende änderten sich die ästhetischen Kategorien im Bereich der Literatur, der bildenden Kunst und der Musik radikal. Das neue Bewusstsein passte nicht mehr in die gefälligen Darstellungsformen des schönen Scheins. Dichter, bildende Künstler und Musiker suchten auf unterschiedlichste Weise nach neuen Wegen, um ihr inneres Erleben, das Gefühl der Desorientierung, adäquat auszudrücken. Die Darstellung der Welt, die nicht mehr als schön erlebt wurde, äußerte sich in einer Ästhetik des Hässlichen, im Zerbrechen der harmonischen Formen, in Provokation und Schock.

Vielfalt, Unterschiedlichkeit und Widersprüchlichkeit prägten die Literatur und Kunst um die Jahrhundertwende. Die ambivalente Welterfahrung äußerte sich einerseits in Angst und Orientierungslosigkeit, in der Rückbesinnung auf alte Werte (Mythen, Geschichte) sowie im Rückzug ins Subjektive (Visionen, Traum, Unbewusstes); andererseits in Aufbruchstimmung, Offenheit, Pluralität und Experiment (fortschrittliche Suche nach neuen sprachlichen und künstlerischen Mitteln). Die Stilvielfalt der künstlerischen und literarischen Reaktionen auf die Wahrnehmungs- und Bewusstseinsänderung am Ende des 19. Jahrhunderts bezeichnet man als Beginn der Moderne. Für die unterschiedlichen, aber zeitgleichen Strömungen in Literatur und Kunst gibt es etliche Bezeichnungen: Naturalismus, Impressionismus, Symbolismus, Dekadenz, Fin de Siècle, Jugendstil, Neuromantik, Neuklassik, Expressionismus.

Aus: Texte, Themen und Strukturen. Deutschbuch für die Oberstufe. Hrsg. von Heinrich Biermann und Bernd Schurf. Berlin: Cornelsen Verlag 1999, S. 290

Einheit durch Vielfalt?
Literarische Strömungen zu Beginn des 20. Jahrhunderts

Die Menschen, die den Wechsel vom 19. ins 20. Jahrhundert erlebten, waren von sehr verschiedenen, ja widersprüchlichen Empfindungen geprägt. Die einen erlebten die Jahrhundertwende als Aufbruch, als Beginn einer neuen, besseren Zeit, die anderen empfanden ihre Gegenwart als Zeit des Verfalls und des Untergangs. Beide Formen des Zeiterlebnisses lassen sich auch in der Literatur feststellen und definieren sich einerseits als „Moderne“, ja sogar als „Avantgarde“, andererseits als „Décadence“ und „Fin de Siècle“: Auch in der Literatur der Jahrhundertwende standen deshalb, wie in den bildenden Künsten, Bewahrung und Erneuerung, Resignation und Aktion, Tradition und Experiment unmittelbar nebeneinander. Aber diese Widersprüche waren nicht mehr aufeinander bezogen, sondern schlossen sich gegenseitig aus: Wer sich der Tradition verpflichtet fühlte, sah im Experiment nur Zerstörung, wer dem Experiment zuneigte, erkannte in der Tradition nur Erstarrung. Die literarischen Strömungen der Epoche fanden ihr Selbstverständnis immer auch durch die betonte Ablehnung anderer gleichzeitiger Tendenzen. Die Einheit dieser Epoche, die man ziemlich übereinstimmend vom Beginn der achtziger Jahre des 19. Jahrhunderts bis zum Ende des Ersten Weltkriegs reichen lässt, ist offensichtlich gerade in ihrer Janus-Gestalt, in ihrer Doppelgesichtigkeit zu erblicken. Deshalb trägt die „Jahrhundertwende“ auch keinen anders charakterisierenden als diesen summierenden Epochennamen: Die Vielzahl der in ihr wirksamen Bewusstseins- und Gestaltungsformen ist ihr Charakteristikum. Weil dies als Grundzug der Geistesgeschichte des gesamten 20. Jahrhunderts angesehen wird, bezeichnet man die „Jahrhundertwende“ heute meist als „Beginn der Moderne“ oder „Klassische Moderne“. In einigen literaturgeschichtlichen Darstellungen findet sich auch noch die Epochenüberschrift „Vom Naturalismus zum Expressionismus“. Damit wird auf die Dreiteiligkeit der Epoche hingewiesen: An ihrem Anfang und an ihrem Ende stehen eher beherrschende Tendenzen, eben Naturalismus und Expressionismus; dazwischen ist eine Fülle von Stilrichtungen zu erkennen. Das scheint mit dem Vorhandensein oder Fehlen von bestimmenden programmatischen Entwürfen zusammenzuhängen. Naturalismus und Expressionismus jedenfalls verfügten über klare Programme, die Richtungen dazwischen waren programmatisch eher diffus. Schematisch lässt sich die Epoche „Jahrhundertwende“ so darstellen:

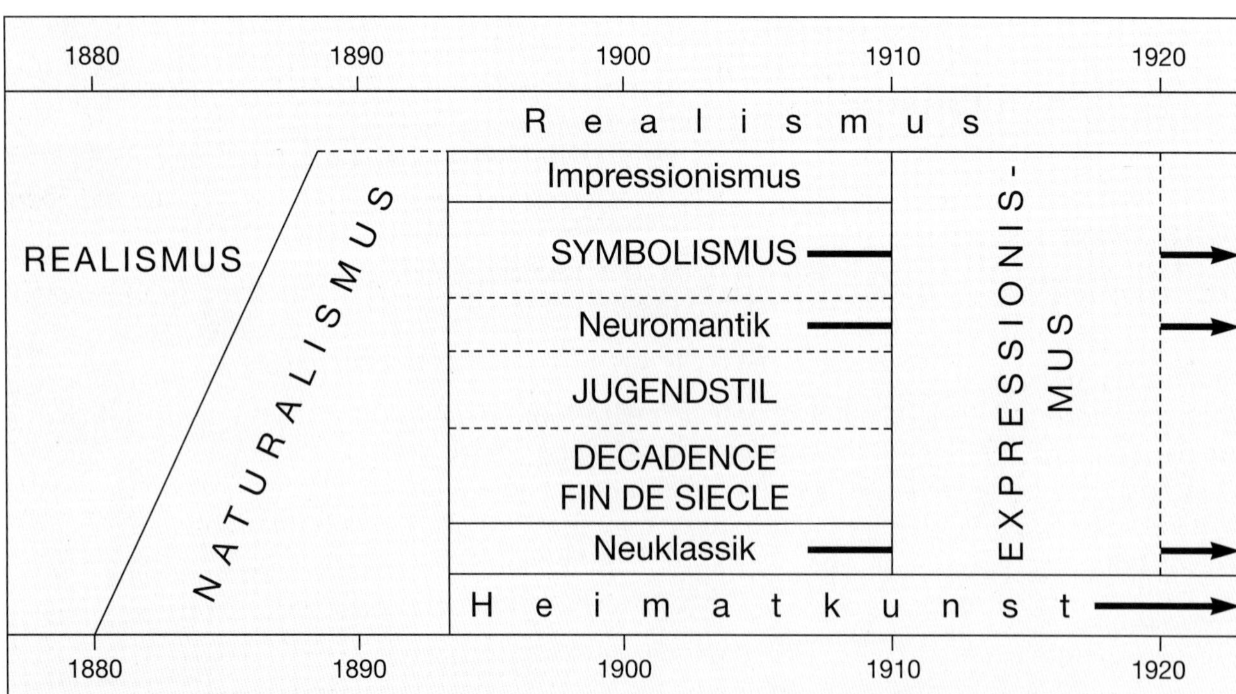

Anmerkung: Mit Großbuchstaben (Versalien) geschriebene Begriffe bezeichnen solche Richtungen, die heute als epochenbestimmend verstanden werden. In Kleinbuchstaben erscheinen weniger ausgeprägte („Impressionismus“), epigonale („Neuklassik, Neuromantik“) oder in ihrem Kunstwert bezweifelte („Heimatkunst“) Richtungen. Gestrichelte Linien bezeichnen Durchlässigkeiten und Übergänge.

In: Blickfeld Deutsch, Hrsg. v. Peter Mettenleiter u. Stephan Knöbl. Paderborn: Schöningh Verlag 1991, S. 324–325

Rainer Wick, Astrid Wick-Kmoch: Künstler und Gesellschaft

In den letzten Jahren ist der Künstler als gestaltendes und damit Gesellschaft mitgestaltendes Subjekt zunehmend in das Zentrum kunstsoziologischen Forschungsbemühens gerückt. Dabei konzentriert sich – auch unter sozial- und kulturpolitischer Perspektive – der Blick in erster Linie auf die Situation des modernen Künstlers, die seit dem 19. Jahrhundert als notorisch krisenhaft beschreibbar ist. Während der Künstler z. B. im Mittelalter einen festen Platz im Sozialgefüge einnahm und durch Organisationsformen wie klösterliche Baugemeinschaften in der Romanik oder Bauhütten und Malerzünfte in der Gotik kollektiv eingebunden war und selbst mit dem Aufkommen des Individualismus in der Renaissance durch kirchliche, fürstliche und auch kommunale Auftraggeber sozial einigermaßen abgesichert blieb, wird er seit dem 19. Jahrhundert sozial ‚heimatlos'. Mason Griff hat diesen historischen Prozess, der mit der Französischen Revolution einsetzt, in seinem gedanklich stark an den sozialgeschichtlichen Untersuchungen Arnold Hausers orientierten Aufsatz „Künstler und Entfremdung" beschrieben. Der zeigt, dass mit dem Verschwinden der alten Feudalordnung auch das Mäzenatentum weitgehend verschwand. Zwar war damit die Voraussetzung für eine Entwicklung geschaffen, die allgemein mit dem Stichwort von der Autonomisierung der Kunst belegt wird, sah sich doch der Künstler nun nicht länger den inhaltlichen und stilistischen Vorstellungen eines Auftraggebers verpflichtet; doch der Preis, den der Künstler für diese neue ästhetische Freiheit zu bezahlen hatte, heißt ökonomische Unsicherheit und – zumal in Anbetracht der Verständnislosigkeit, mit der sich Künstler und Bourgeois gegenüberstanden – soziale Entfremdung. Die Flucht der Künstler in die Subkultur der Boheme mit eigener Ideologie und eigenen Normen war angesichts dieser Lage nur folgerichtig, wenn auch sozial verhängnisvoll.

Die Entfremdung des Künstlers von der Gesellschaft, seine Außenseiterexistenz, wird sich in Zukunft sicher nicht dadurch überwinden lassen, dass der Künstler im Elfenbeinturm gesellschaftlicher Abgeschiedenheit verharrt. Zwar hat die Boheme als subkulturelle Facette der modernen Großstadt im 20. Jahrhundert stark an Bedeutung verloren, doch immer noch sind für den Künstler Privatisierungstendenzen typisch, wie Peter Rech in seinem Beitrag „Engagement und Professionalisierung des Künstlers" feststellt. Diese Tendenzen, die in einem merkwürdigen Kontrast zu dem häufig von Künstlern artikulierten gesellschaftlich-politischen Einflussverlangen stehen, lassen sich nach Rech nur dann umkehren, wenn es dem Künstler qua Professionalisierung, qua Übernahme einer klar umrissenen Berufsrolle, gelinge, seine spezifischen Anlagen und Anliegen in die Gesellschaft einzubringen.

Aus: Kunstsoziologie. Hrsg. von Rainer Wick und Astrid Wick-Kmoch. Köln: Du Mont Verlag 1979, S. 89–91

- ❒ *Wie hat sich die gesellschaftliche Rolle des Künstlers im Laufe des 18./19. Jahrhunderts verändert?*
- ❒ *Lässt sich diese Veränderung an den Künstlertypen Taugenichts und Tonio festmachen?*

Beate Hermes: „Tonio Kröger" und die Tradition der Künstlernovelle

Die Künstlernovelle ist eigentlich ein Produkt des Sturm und Drangs, erlebte ihre Blüte jedoch in der Romantik. Dies liegt in der damaligen Auffassung vom Wesen des Künstlers begründet. Der Künstler wurde als ‚Originalgenie' betrachtet, d. h., der Künstler sei mit der besonderen Gabe der Einbildungskraft ausgestattet, er besäße die Fähigkeit der schöpferischen Imagination, die ihn in seinen Werken die Welt neu erschaffen lasse, wie sie sich ihm in seiner individuellen Anschauung darbietet. Wichtig seien nämlich die subjektiven Wahrnehmungen und das subjektive Empfinden des Künstlers. Seine Gemütsbewegungen und Gefühle ständen im Mittelpunkt seiner Werke. Ihre Gestaltung werde durch göttliche Inspiration möglich, welche ihm die Welt erschließe.
Schon damals sieht sich der Künstler als Kontrastfigur zum Bürger, der in der Zeit der beginnenden industriellen Revolution einzig auf Existenzsicherung und Gewinnstreben ausgerichtet war.
Die romantische Sicht des Künstlers als Genie klingt auch noch in der dem Biedermeier zugerechneten Novelle „Mozart auf der Reise nach Prag" (1855) von Eduard Mörike an, wenn davon berichtet wird, wie Mozart durch eine Pomeranze, die er gedankenverloren pflückt und die bestimmte Assoziationen in ihm auslöst, zu einem musikalischen Werk inspiriert wird. Den Konflikt zwischen Künstler und Gesellschaft sucht man hier vergebens. Zwar wird Mozart als Sonderling dargestellt, dem das alltägliche Leben durchaus Probleme bereitete, dennoch ist er kein Ausgeschlossener. Er nimmt am gesellschaftlichen Leben teil, er wird auch in aristokratischen Kreisen akzeptiert und als Künstler geachtet. Er erscheint in der hier erzählten Geschichte als ein heiterer, lebensfroher Mann. Allerdings wird vom Erzähler auch auf die Ambivalenz seines Wesens hingewiesen, denn die Heiterkeit Mozarts macht zuweilen einer tiefen Schwermut Platz. [...]
Der Konflikt zwischen Bürgertum und Künstlertum ist also ein altes, bereits in der Romantik behandeltes Thema, das bei Thomas Mann aktualisiert als Auseinandersetzung zwischen dem Großbürgertum zur Zeit der Jahrhundertwende und der literarischen Kunstrichtung der Dekadenz erscheint.
Der Unterschied zwischen ‚Tonio Kröger' und den Künstlernovellen des 19. Jahrhunderts liegt inhaltlich darin, dass bei Thomas Mann weniger die äußere Lebensgeschichte der Figur oder ein bestimmtes Ereignis in ihrem Leben im Vordergrund steht als vielmehr die innere Verfassung bzw. Entwicklung des Helden. Das Handlungselement tritt hier fast völlig hinter kunsttheoretischen Reflexionen zurück. Die Modernität des ‚Tonio Kröger' liegt aber vor allem in der Erzählweise begründet, durch die der Bereich des Unbewussten in der Psyche der Figur zum Vorschein kommt. Zwar war für die Romantiker dieser Bereich der menschlichen Seele auch schon von Interesse. Auch in der Novelle „Der alte Spielmann" werden durchaus psychologische Erklärungen für das Verhalten und das Wesen der Figur geliefert, aber erst später wurde man auf die Komplexität und die ungeheure Bedeutung des Unbewussten für die menschliche Psyche aufmerksam. Dies gilt besonders für Thomas Mann. Im ‚Tonio Kröger' äußert sich dies in der Erzählperspektive. Die Figur ist nicht mehr, wie noch bei Grillparzer, ein Objekt, das dem Leser durch die vermittelnde Instanz des Erzählers entgegentritt, sondern in erster Linie Subjekt, d. h., die Figur spricht für sich selbst. Der Leser erhält einen direkten Einblick in die inneren Regungen, Gedanken und Gefühle der Figur und hat so Zugang zu allen Bereichen ihrer Psyche. Dem Leser wird der Prozess, in dem der Held sich nach und nach der in seinem Unbewussten wirkenden Kräfte bewusst wird, sichtbar gemacht. Der Erzähler hält sich daher mit analysierenden Erklärungen zurück. Aus der Imagination des romantischen Künstlers, der alle Erkenntnis seiner Subjektivität verdankt, ist der von seinen persönlichen Empfindungen absehende Künstler geworden, der durch seine Objektivität zur Erkenntnis gelangt.
Die Unterschiede, die ‚Tonio Kröger' zu den Künstlernovellen des 19. Jahrhunderts aufweist, werfen die Frage auf, ob es sich bei dem Mann'schen Werk tatsächlich um eine Novelle handelt. Goethe definiert diese Gattung als Darstellung „einer sich ereigneten unerhörten Begebenheit". Im ‚Tonio Kröger' steht jedoch kein zentrales Ereignis im Vordergrund, wie überhaupt die äußere Handlung hinter der inneren zurücktritt. Im Gegensatz zu den Figuren der anderen hier besprochenen Novellen macht Tonio eine innere Entwicklung durch, und diese ist das eigentliche Thema des Werkes. Man könnte daher ‚Tonio Kröger' als einen verkürzten Bildungsroman bezeichnen, in dem die psychologische Studie eines dem Bürgertum entstammenden Künstlers vorgelegt wird, der sich als Mensch und besonders als Künstler entwickelt und graduell zum Erkennen seiner selbst und seines Wesens als Künstler gelangt.

Aus: Beate Hermes: Lektürenhilfe Thomas Mann, „Tonio Kröger", Stuttgart: Klett Verlag 1998, S. 71–75

❒ *Belegen Sie anhand des Textes, inwiefern es sich bei „Aus dem Leben eines Taugenichts" und „Tonio Kröger" um Künstlernovellen handelt, und erläutern Sie die Unterschiede.*

Klausur- und Klassenarbeitsvorschläge

I. Textanalyse

a. Für die „Taugenichts"-Experten

1. Textstelle: Aus dem Leben eines Taugenichts, Achtes Kapitel, S. 77, Z. 15 („Da war es unterdes ganz öde …") bis S. 79 unten

   Analysieren Sie die angegebene Textstelle. Gehen Sie hierbei insbesondere auf die Kunstauffassung des Meister Eckbrecht und die des Taugenichts ein. Um die Kunstauffassung des Taugenichts herauszuarbeiten, *müssen* weitere Textstellen der Novelle in die Analyse einbezogen werden.

2. Vergleich mit „Tonio Kröger"

   Welche Auffassung vom Künstler wird in der Textstelle S. 31 („Man arbeitet schlecht im Frühling …") bis S. 32 („… und zu empfinden beginnt.") deutlich. Vergleichen Sie diese mit der des Taugenichts.

b. Für die „Tonio Kröger"-Experten

1. Textstelle: Kapitel 9 (S. 72–73)

   Analysieren Sie die angegebene Textstelle. Gehen Sie hierbei insbesondere auf die Kunstauffassung von Tonio ein, auch im Hinblick auf eventuelle Veränderungen seiner Bestimmung von Kunst und Künstlertum im Verlauf der Novelle. Ergänzend *müssen* Sie hierzu auch andere Textstellen einbeziehen.

2. Vergleich mit dem „Taugenichts"

   Welche Auffassung von Kunst wird in der Textstelle S. 32/33 („Ich besann mich nicht lange, …" bis „…, dass sich alles lustig um mich herum drehte.") deutlich? Vergleichen Sie diese mit der des Tonio Kröger.

II. Erörterung

Beate Hermes: „Tonio Kröger" und die Tradition der Künstlernovelle
(Auszüge s. Zusatzmaterial 10)

Aufgabenstellung:

1. Fassen Sie zusammen, was die Künstlernovelle der Romantik von der bei Thomas Mann unterscheidet.
2. Erläutern Sie anschließend, inwiefern die Ergebnisse für die Romantik auf „Aus dem Leben eines Taugenichts" **oder** die Ergebnisse für die Zeit um die Jahrhundertwende auf „Tonio Kröger" zutreffen (Textbelege!).
3. Nennen Sie die Hauptmerkmale einer Novelle und überprüfen Sie, inwiefern es sich beim „Taugenichts" **oder** bei „Tonio Kröger" um Novellen handelt.

III. Klassenarbeit für die Klassenstufe 9 oder 10

(Je nach Jahrgangsstufe und Leistungsniveau sollte eine Auswahl der Aufgabenstellungen getroffen werden.)

„Aus dem Leben eines Taugenichts"

1. Beschreibe die Reise des Taugenichts vom Anfang bis zum Ende und überlege, welche Entwicklung er dabei durchläuft.

2. Lies die Textstelle auf S. 32/33 („Ich besann mich nicht lange, …" bis „…, dass sich alles lustig um mich herum drehte"). Welche Rolle spielt für den Taugenichts die Kunst des Geigenspiels? Belege deine Ergebnisse am Text.

3. Nach seiner Hochzeit schreibt der Taugenichts einen Brief an seinen Vater, in dem er ihm beschreibt, wie es ihm *jetzt* geht. Schreibe diesen Brief.

Schülerbeispiele

zu Arbeitsblatt 1, S. 16

Taugenichts

Es war im späten Frühling, als der Sonnenschein den Olivenhain von Roberto Conchetti in ein warmes Licht hüllte. Irgendwo zwischen den luftigen Bäumen lag Alessandro mit geschlossenen Augen auf dem Rücken und ließ sich von der wohl tuenden Energie der Sonne wärmen. Im Mundwinkel hatte er einen Grashalm, auf dem er kaute, und wie er da lag, philosophierte er über das Leben. Momente wie diese waren für ihn das Glück auf Erden. Er war von Freude erfüllt, bis er durch das Plätschern von Vaters Mühle in der Ferne daran erinnert wurde, warum er erneut an diesem Ort lag. Der Vater hatte ihn wieder einmal als Taugenichts beschimpft und um sich weiteren Ärger zu ersparen war Alessandro über das freie Feld fortgelaufen. Nun aber musste er zurück, er wollte den Vater nicht noch mehr vergrämen. Er erhob sich und schlenderte den Hang hinab bis zur Landstraße. Dort zogen einige Reisewagen an ihm vorbei und es keimte Fernweh in ihm auf.

zu 1.2 (Vorstellung des Protagonisten)

Alessandro, 18 Jahre alt, Norditalien am Fuße der Alpen

Familie: Vater Müller, älterer Bruder soll Betrieb des Vaters übernehmen, Mutter hat die Familie verlassen

Charakter/Aussehen: Tagträumer, Philosoph, faul, ein wenig übergewichtig

Wünsche: Es zieht ihn in die Ferne, will für ein paar Jahre ins Ausland, hofft angesehener Philosoph zu werden

Lebenslauf: Alessandro wurde 1795 in einem abgelegenen Dorf am Fuße der Alpen in Norditalien geboren. Schon als er drei Jahre alt war, verließ die Mutter das Haus, da sie mit der strengen Art des Vaters nicht zurechtkam. Für Alessandros Bruder, Alfredo, der fünf Jahre älter ist, stand schon sehr früh fest, dass er die Mühle des Vaters übernehmen würde. So wuchs Alessandro bei seinem Vater auf und machte schon früh deutlich, dass er nicht in die Fußstapfen des Vaters treten wolle. Er war eher unsportlich und verachtete von Kind an körperliche Arbeit. Er begann stattdessen im zarten Alter von neun Jahren über den Sinn des Lebens zu philosophieren. Zunächst verfolgte er die Sache mit regem Eifer, notierte seine Gedanken und zeigte dem Vater seine Ergebnisse. Der Vater hatte aber keinerlei Verständnis für Aktivitäten dieser Art und verbot ihm das Schreiben. Dies stürzte Alessandro in tiefste Depressionen und er zog sich total zurück. Der Vater gab ihn schließlich ganz auf und überließ ihn seinem Schicksal. So wurde aus Alessandro ein wahrer Taugenichts und seine Wünsche wandelten sich in unerreichbare Utopien.
(T.S., Jahrgangsstufe 11)

zu Arbeitsblatt 2, S. 20 (Rollenbiografie)

Der Vater des Taugenichts

Ich heiße Johann, bin 41 Jahre alt und von Beruf Müller. Ich habe die Mühle von meinem Vater übernommen, als er für die Arbeit zu alt war. Ich bin recht groß und recht muskulös gebaut, das bringt der Beruf so mit sich. Meine Haare sind dicht und von dunkler Farbe: Meine Augen sind grün. Ansonsten weiß ich nicht viel über mein Aussehen zu sagen. Ich lebe in einem kleinen Haus neben meiner Mühle. Sie steht in einem kleinen, verschlafenen Dorf. Bis vor kurzem lebte mein Sohn noch bei mir, aber ich habe ihn aus dem Haus gewiesen und in die Welt hinaus geschickt. Er muss lernen für sich selbst zu sorgen. Meine Frau lebt schon lange nicht mehr. Sie verstarb, als mein Sohn noch ein kleiner Bub war. Vielleicht ist er darum so schwächlich und verträumt geworden und taugt so wenig zur körperlichen Arbeit? Andere Verwandte habe ich nicht. Viel Freizeit bleibt mir nicht, hin und wieder treffe ich mich mit einigen Bauern aus dem Dorf im Wirtshaus und wir trinken und reden dann etwas.
(S. G., Jahrgangsstufe 11)

Ingeborg Holm

Ich, Ingeborg Holm, die Tochter von Doktor Holm, werde auch Inge genannt. Ich bin 35 Jahre alt. Ich stamme aus einer kleinen, verwinkelten Stadt mit gotischem Brunnen. Ich hatte in meiner Jugend lange, blonde Haare, die immer zu einem Zopf geflochten waren. Heute trage ich die Haare kurz. Ich habe blaue Augen, die länglich geschnitten sind, auf meiner Nase habe ich Sommersprossen. Mein heutiges Leben füllen ganz und gar meine drei lieben Kinder aus, ich heiratete mit 22 Jahren den gut aussehenden Hans Hansen aus unserer Stadt. Unsere zwei Töchter und unser Sohn machen uns sehr viel Freude und sie wachsen zu fröhlichen Menschen heran, die gerne Sport treiben und mit anderen Kindern spielen. Meine Eltern starben vor drei Jahren bei einem Verkehrsunfall. Unser Verhältnis war immer sehr gut, wir alle vermissen sie. Meine Mutter hat mir sehr viel bei den Kindern geholfen, mein Vater unterstützte uns anfangs mit Geld. Ich bin mit meinem Leben im Großen und Ganzen sehr zufrieden. Ich glaube, dass ich die richtige Wahl getroffen habe und mit Hans und den Kindern glücklich bin.
(A. K., Jahrgangsstufe 11)

zu Arbeitsblatt 5, S. 43
(Treffen der beiden Protagonisten)

Tonio sitzt an einen Baum gelehnt am Wegesrand und schreibt in ein Notizbuch. Von rechts erscheint Geige spielend und tanzend Taugenichts, gefolgt von Begleiter 1–5, die sich heiter miteinander unterhalten. Tonio bemerkt das heitere Volk, bevor sie ihn dort sitzen sehen.

Tonio: Halte ein, junger Mann, was treibt dich und dein Gefolge so laut und tobend durch das Tal? Wie wäre es mit etwas mehr Ruhe in der Natur?

Taugenichts: Bei Gott, mein Freund, warum so ernst?

Tonio: Geht weiter, ich beschäftige mich mit ernsthaften Dingen, mit Kunst, zieht weiter mit eurem Getöse.

Begleiter 1: Wir erfreuen uns am Geigenspiel.

Taugenichts: An der Landschaft.

Begleiter 2: Am schönen Wetter.

Taugenichts: An der Natur. Doch keine Angst, wir ziehen schon weiter, es wird bald dunkel.

Tonio: Ja, so geht und lasst mich meine Arbeit tun.

Taugenichts: Komm, zieh doch einfach mit uns. Ich glaube, du könntest etwas Aufmunterung gebrauchen.

Tonio: Nun gut, ich ziehe mit euch, aber nicht dein Gefiedel interessiert mich, du selbst scheinst mir eine ganz interessante Person zu sein.

Tonio steht auf und stellt sich neben den Taugenichts. Der Taugenichts beginnt wieder Geige zu spielen und sie ziehen zusammen weiter.

Begleiter 3 zu Tonio: Sag, was hast du geschrieben, dort, als du am Baume saßt?

Begleiter 4: Bist du gar ein Dichter?

Tonio: Ich lebe vom Schreiben. Die Kunst ist mein Beruf und meine Berufung. Doch was ich ausdrücken möchte, könnt ihr einfachen Bürger sicher nicht verstehen.

Taugenichts: Wer von sich selbst behauptet, er sei ein Künstler, ist in meinen Augen ein Narr.

Begleiter 5, *auf den Taugenichts zeigend:* Dieser hier spielt die Geige mit wahrhaft künstlerischer Perfektion und deshalb begleiten wir ihn. Ein vergnügliches und leichtes Leben bereitet er uns und sich selbst.

Tonio: Das scheint mir ja ein dilettantischer Künstler zu sein. Ihr versteht von meiner Arbeit und ihrer Anstrengung nichts. Warum ich schreibe? Um mich selbst zu finden. Nur mit der Poesie ist es mir möglich, meine innersten Gefühle zu verdeutlichen. Und das tut weh, meine Herren, das sind Schmerzen, die man als Künstler an der eigenen Seele erfährt. Lasst euch nur erheitern, aber nennt es nicht Kunst.

Taugenichts: Lass gut sein, ich selbst sehe mich ja gar nicht als Künstler und ich halte auch nicht viel von dem Gerede, was man darum macht. Wenn es mir gelingt, mit meinem Spiel den Menschen Freude zu bringen, sie zum Lachen und Reden zu bewegen, so ist mir das Gefühl genug und ich freue mich mit den Menschen.

Tonio: Ja, ja, das verstehe ich. Aber der wahre Künstler kann nicht mit den Menschen leben, mit dem Bürger. Er muss sich auseinander setzen, Kunst ist Konflikt und trennt uns von den Menschen.

Taugenichts: Mit deinem Gerede verwirrst du mir den Kopf.

Begleiter 1: Dies ist einer von den Miesmachern.

Begleiter 3: Dies ständige Gerede.

Begleiter 2: Da vergeht einem der Spaß am Leben.

Sie kommen zu einer Weggabelung.

Begleiter 5: Da gabelt sich der Weg.

Begleiter 4: Welchen Weg schlagen wir ein?

Taugenichts: Nur einen anderen als unser Herr Philosoph, ich kann ihn nicht länger ertragen, da vergesse ich mein Geigenspiel. Doch nehme er mir dies nicht zu persönlich.

Tonio: Keineswegs. Diese interessante Unterredung hat mir vieles verdeutlicht. Doch auch ich will mich hier von euch trennen.

Taugenichts: Nichts für ungut, ein gesundes Leben wünsch ich euch und Gottes Segen.

Tonio: Ich bedanke mich für das Gespräch.

Begleiter: Auf Wiedersehen, der Herr! *zum Taugenichts* Komm, Freund, spiel uns einen Ländler.

Tonio geht in die eine Richtung, die Gruppe in die andere.

(T. B., T. S., F. S., A. S., C. M., A. v. P., A. J.)

Literaturverzeichnis

1. Joseph von Eichendorff: Aus dem Leben eines Taugenichts

Adorno, Theodor W.: Zum Gedächtnis Eichendorffs. In: Th. W. A.: Noten zur Literatur I. Frankfurt a. M. 1958, S. 105–143

Bormann, Alexander von: Joseph von Eichendorff: „Aus dem Leben eines Taugenichts“. In: Romane und Erzählungen zwischen Romantik und Realismus. Neue Interpretationen. Hrsg. v. Peter Michael Lützeler. Stuttgart 1983, S. 94–116

Eichendorff und die Spätromantik. Hrsg. v. Hans-Georg Pott. Paderborn 1985

Frühwald, Wolfgang: Eichendorff-Chronik. Daten zu Leben und Werk. München/Wien 1977

Frühwald, Wolfgang: Der Philister als Dilettant. Zu den satirischen Texten Joseph von Eichendorffs. In: Aurora 36 (1976), S. 7–26

Frühwald, Wolfgang/Heiduk, Franz: Joseph von Eichendorff. Leben und Werk in Text und Bildern. Frankfurt a. M. 1988

Haar, Carel ter: Joseph von Eichendorff: Aus dem Leben eines Taugenichts. Text, Materialien, Kommentar. München/Wien 1977

Herzig, Walter: Joseph von Eichendorff, „Aus dem Leben eines Taugenichts“. In: W. H.: Weltentwurf und Sprachverwandlung. Untersuchungen zu Dominanzverschiebungen in der Erzählkunst zwischen 1825 und 1950. Bern/Frankfurt a. M. 1982, S. 49–116

Hillach, Ansgar/Krabiel, Klaus-Dieter: Eichendorff-Kommentar. 2 Bde. München 1971

Hotz, Karl: Joseph von Eichendorff: „Aus dem Leben eines Taugenichts“. In: Klassiker heute. Zwischen Klassik und Romantik. Hrsg. v. Hans-Christian Kirsch. Frankfurt a. M. 1980 (Fischer Taschenbuch), S. 217–263

Kaschnitz, Marie Luise: Florens. Eichendorffs Jugend. Düsseldorf 1984

Kohlfürst, Herbert: Romantische Ironie und Selbstironie bei Joseph von Eichendorff. Diss. Graz 1970

Köhncke, Klaus: Homo Viator. Zu Eichendorffs Erzählung „Aus dem Leben eines Taugenichts“. In: Aurora 42 (1982), S. 24–56

Krabiel, Klaus-Dieter: Joseph von Eichendorff. Kommentierte Studienbibliographie. Frankfurt a. M. 1971

Kunz, Josef: Eichendorff. Höhepunkt und Krise der Spätromantik. Ein Beitrag zum Verständnis seiner Novellendichtung. Darmstadt 1951 (Reprint: 1980)

Mann, Thomas: Der Taugenichts. Ein Essay in: Neue Rundschau, 11. Heft, Berlin 1916, später eingefügt in: Thomas Mann, Betrachtungen eines Unpolitischen, Frankfurt/M. 1956

Paulsen, Wolfgang: Eichendorff und sein Taugenichts. Die innere Problematik des Dichters in seinem Werk. Bern/München 1976

Polheim, Karl Konrad: Neues vom „Taugenichts“. In: Aurora 43 (1983), S. 32–54

Seidlin, Oskar: Versuche über Eichendorff. 3. Aufl. Göttingen 1985

Stöcklein, Paul: Joseph von Eichendorff in Selbstzeugnissen und Bilddokumenten. 3. Aufl. 1987 (Rowohlt Monographien)

Thunich, Martin: Joseph von Eichendorff, „Aus dem Leben eines Taugenichts“. Hollfeld 1986

Wiese, Benno von: Joseph von Eichendorff, „Aus dem Leben eines Taugenichts“. In B. v. W.: Die deutsche Novelle von Goethe bis Kafka. Bd. I. Düsseldorf 1956, S. 79–96

„Die Deutschen Klassiker“, CD-ROM. X-Libris, München 1995. Joseph von Eichendorff, Aus dem Leben eines Taugenichts / Erzählungen. Bibliografie

2. Thomas Mann: Tonio Kröger

Bellmann, Werner: Thomas Mann. Tonio Kröger. Erläuterungen und Dokumente. Stuttgart, bibliographisch ergänzte Ausgabe 1999

Diersen, Inge: Thomas Mann. Episches Werk, Weltanschauung, Leben. Berlin und Weimar 1975

Hansen, Volkmar: Thomas Mann. Stuttgart 1984

Koopmann, Helmut (Hrsg.): Thomas-Mann-Handbuch. Stuttgart 1995

Kurzke, Hermann: Thomas Mann. Epoche-Werk-Wirkung. München 1997

Kurzke, Hermann: Thomas Mann. Das Leben als Kunstwerk. München 1999

de Mendelssohn, Peter: Der Zauberer. Das Leben des deutschen Schriftstellers Thomas Mann. Erster Teil: 1875–1918. Frankfurt/M. 1975

Lehnert, Herbert: „Tristan", „Tonio Kröger" und „Der Tod in Venedig". Ein Strukturvergleich. In Orbis litterarum 24 (1969), S. 271–304

Pütz, Peter: Kunst und Künstlerexistenz bei Nietzsche und Thomas Mann. Bonn 1963, 1987

Reich-Ranicki, Marcel: Eine Jahrhunderterzählung – Tonio Kröger. In: Ders.: Thomas Mann und die Seinen. Stuttgart 1987, S. 93–108

Schröter, Klaus (Hrsg.): Thomas Mann im Urteil seiner Zeit. Dokumente 1891–1955. Hamburg 1969

Vaget, Hans Rudolf: Thomas Mann – Kommentar zu sämtlichen Erzählungen. München 1984

Wysling, Hans: „Geist und Kunst". Thomas Manns Notizen zu einem „Literatur-Essay". In: Paul Scherrer/Hans Wysling: Quellenkritische Studien zum Werk Thomas Manns – Bern und München 1967.

Textausgabe zu diesem Modell: Best.-Nr. 022366

ISBN 978-3-14-022367-6
9 783140 223676

Schöningh Schulbuch